ECOLOGICAL LIFE

緑のカーテンの育て方・楽しみ方

NPO法人 緑のカーテン応援団 編著

創森社

広げよう 緑のカーテン～序に代えて～

「家のつくりやうは夏をむねとすべし」。これは兼好法師（1330年頃）が『徒然草』に記し、蒸し暑い「日本の夏」を快適に過ごす、建築の大切さを示したものです。

「緑のカーテン」の歴史は江戸時代からと古く、涼を得る日射遮蔽手法として、夏の暮らしを彩り、豊かにしていたようです。しかしエアコン等の技術発展とともに気密性の高いコンクリート建築が発展し、その存在は身を潜めました。そしてもう一度日本の住文化として根付かんと、環境学習として平成の時代に復活し、いまでは全国の学校や行政施設、商店街、そしてマンションや戸建てへと広がっています。

植物は生命を維持するために蒸散を行います。緑のカーテンは、そのチカラを少し借りて「涼しい空間づくり」を楽しむものです。1軒の家で始めた緑のカーテンがエアコンの使用量や、ヒートアイランドの原因でもある室外機の熱を減少させます。周囲の方々にも緑のカーテンが広がれば、涼しい街づくりになるはずです。

NPO法人緑のカーテン応援団には、そんなことを考えはじめた仲間が集まっています。緑のカーテンを始めた読者の皆さまの周りにも、きっと楽しい仲間ができることでしょう。

私たちはこの緑のカーテンの輪が全国に広がり、人と人が楽しく意義深くつながっていくことを心から願っています。

二〇〇九年 二月

NPO法人 緑のカーテン応援団 理事長　鈴木 雄二

緑のカーテンの育て方・楽しみ方――もくじ

バルコニーでアサガオ、ヘチマなどを植栽

ベランダに設置した緑のカーテン

窓辺のジャスミン

プランターにブドウを植栽

第4章 緑のカーテンのステップアップ術　65

ＭＥＭＯ

㈱リッチェル〈緑のカーテン用プランターキット〉

〒939-0592　富山市水橋桜木136

TEL 076-478-2957

㈱ガーデン二賀地〈底面灌水タイプのプランター〉

〒989-3124　宮城県仙台市青葉区上愛子字遠野原34-1

TEL 022-392-4128　FAX 022-392-3184

NPO日本コミュニティーガーデニング協会〈キャスター付きの大型コンテナ〉

〒150-0001　東京都渋谷区神宮前3-42-8 トゥールロワイヤル神宮前106

TEL 03-5770-6140　FAX 03-5770-6141

野口のタネ・野口種苗研究所〈固定種の種〉

〒357-0067　埼玉県飯能市小瀬戸192-1

TEL 042-972-2478　FAX 042-972-7701

㈱タニタハウジングウェア〈雨水貯留タンク〉

〒174-8601　東京都板橋区東坂下2-8-1

TEL 03-3968-1590　FAX 03-3968-3000

㈱リブラン〈エコヴィレッジシリーズ〉

〒173-0023　東京都板橋区大山町17-4

TEL 03-3972-0072　FAX 03-3972-0606

デッキを覆った緑のカーテン（ゴーヤー）

デザイン――寺田有恒

ビレッジ・ハウス

撮影――三宅　岳

イラストレーション――おちまきこ

編集協力――村田　央　福田　俊

校正――中村真理

第1章

緑のカーテンの魅力と効果

私たちＮＰＯ法人 緑のカーテン応援団は、ぜひ、たくさんの皆さんに、緑のカーテンを体験してもらい、その魅力を実感していただきたいと考えています。
そのためにも、まずは緑のカーテンがもたらしてくれる多彩な効果を紹介します。

リュウキュウアサガオの開花

緑のカーテンは現代風のエコな「夏支度」

いまではすっかり聞かなくなってしまった「夏支度」という言葉。家の中に涼を呼び込むために、夏に向けて家の中のしつらえを、すっかり替えてしまうことをいいます。緑のカーテンは、言わば現代風のエコな夏支度なのです。

●家に涼を呼び込む伝統的な工夫「夏支度」

高温多湿な日本では、エアコンなどがなかった時代の家づくりは「夏をむねとすべし」とされ、夏を涼しく過ごすための工夫がなされていました。夏支度も、夏を涼しく過ごす工夫のひとつです。

例えば京都の町家では、祇園祭が始まるころに夏支度が始まります。寒い時期に使われてきた障子やふすまはすべて外されて、よし戸や簾戸《すど》（すだれをはめ込んだ建具）に替えられ、窓にはすだれがかけられます。そして床には、畳の上に網代《あじろ》や籐《とう》むしろが敷かれます。

すだれやよし戸は、爽やかな風とやわらかな光を通してくれますし、適度な目隠しにもなります。また、床に敷いた網代や籐むしろのヒンヤリとした感触が、より涼しさを体感させてくれます。

ベランダの緑陰を心地よい風が吹き抜ける

町家造りの構造と風の流れ

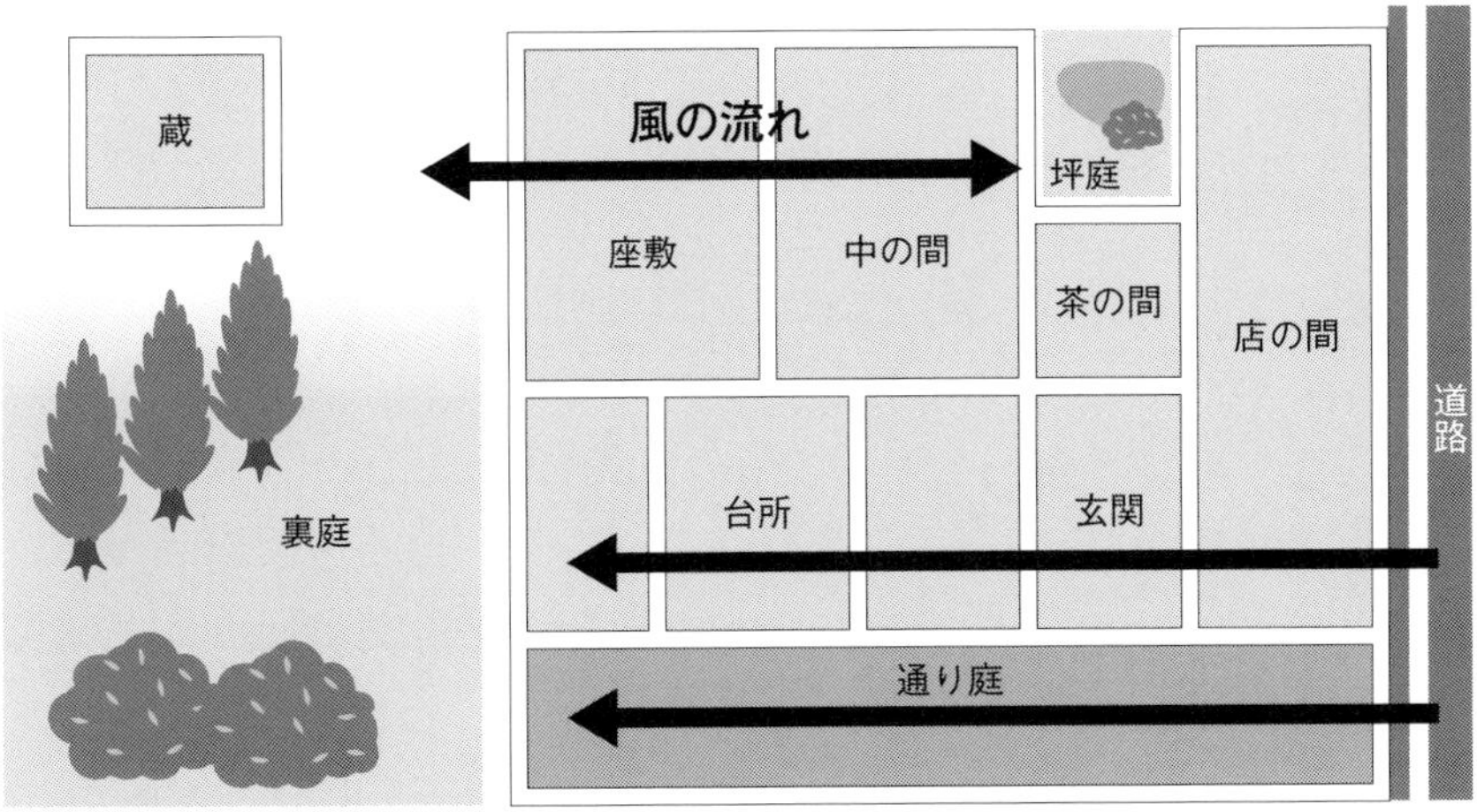

家の中が直線的な「続き間」になっており、表から奥まで風がよく通るようになっている。「坪庭」が冷気をつくり出し、その涼しさが室内全体に流れるよう工夫されている。「通り庭」が風がよく通るようになっているのもわかる

出典）『エコミックスデザイン教本』（リブラン）

これら夏支度に併せて行われる打ち水も、夏を涼しく暮らす工夫のひとつ。水をまくことで地面からの熱をやわらげるとともに、適度な風を呼び込むことができます。

●植物の力を利用して涼しさを得る

現在、多くの人は、夏はエアコンに頼りきった暮らしをしています。特に最近の気密性の高い住宅は冷暖房効果を高めるようにつくられているため、それも仕方がないのかもしれません。とはいえ、そのことがエネルギー使用量をとめどもなく増大させ、都市のヒートアイランド現象や、果ては地球温暖化にまでつながっていることも忘れてはなりません。

緑のカーテンをつくることで、「夏の間にほとんどエアコンを使わなくなった」という人がたくさんいます。電気代の節約になるだけでなく、「エアコン漬けから解消されて夏風邪をひかなくなった」という人も。緑のカーテンづくりは、生きた植物の力を利用して、なるべくエネルギーを使わずに涼しく過ごすための、現代風の夏支度なのです。

夏の森の快適さを住まいに取り込む

夏の暑い日に、深閑とした森の中に入ったことはありますか？　その涼しさや、都会の喧噪《けんそう》を忘れさせる静けさに、きっと心からリラックスすることができたはずです。

緑のカーテンをつくるというのは、家のすぐそばに、森をつくり出すことに似ています。

●同じ気温なのに涼しく感じる

森に入ったことがなくても、夏の暑い日に公園などの木陰に入って涼んだ経験は、きっと誰にでもあるでしょう。木陰と日向《ひなた》は気温は同じはずなのに、なぜこのような違いがあるのでしょうか。

じつはそれは、そこに生きた植物があるかないかということによる体感温度の違いなのです。詳しくは第2章で紹介しますが、緑のカーテンは、植物の力を利用させてもらうことで、涼しさを得ているのです。

森の小道を心地よい風が吹き抜ける

●クリーン&グリーンの風を送り込む

森には防風効果があり、田畑や住宅を強風から守

緑のカーテンがあることにより、デッキは心地よい緑陰空間

るためにつくられた屋敷林などは、いまでも各地に残されています。緑のカーテンも同じように、強すぎる風をやわらげ、爽やかな風を通してくれます。

さらに植物の葉は、埃や大気汚染物質を吸着する力を備えているといわれています。緑のカーテンは葉の間に適度な風を通すことによって、クリーンな空気を送り込んでくれるのです。

●騒音をやわらげ視線もシャットアウト

緑のカーテンはよく茂ると、外からの騒音をやわらげる効果があるといわれています。それとともに、葉が風にゆれるサワサワといった耳に心地よい音を生み出してくれます。

また、窓を緑のカーテンで覆うことで、外からの視線は葉でさえぎられ、部屋の中まで見通されることはありません。

夏場は窓を開け放してリラックスしたいものですが、都会ではなかなかできることではありません。でも、緑のカーテンがあれば安心です。

「取り組みが楽しい」だから続けられる

「環境によいことをしなければ」と、なにかの活動を始めても、それが続けられなければあまり意味はありません。ダイエットと同じで、続けてこそ効果が出てくるのです。そのためにも、まずは楽しむことが大切です。

その点、緑のカーテンづくりはうってつけ。緑のカーテンづくりを続けている人には「やっぱり楽しいから」と言う人が多いのです。

●手をかけただけ応えてくれる喜び

植物が元気に育っていくのを見ているのは、本当に楽しいものです。ついつい「こっちのほうに伸びてきてね」なんて、手入れのたびに声を掛けてしまう人もたくさんいます。自分が手をかければかけただけ、それに応えてくれる植物を見ていると、本当に可愛く、いとおしく感じるものなのです。

結実したゴーヤーなどがベランダの天井に吊り下がる

また、家が緑や色とりどりの花に彩られていくことも嬉しいもの。それは住んでいる自分だけでなく、周りに暮らす人たちの目をも楽しませてくれるはずです。

●新鮮で安全な野菜がすぐそこに

植物がスクスクと育っていくのを見るだけでも楽しいのですが、それがやがて食べることのできる実がなるとなれば、なおのこと。

緑のカーテンとなるのはつる性の植物で、野菜でいえばゴーヤーやキュウリなどが代表選手です。これらの野菜を、夏になればキッチンから手が届くほどのところで収穫することができるのです。自分が育てた野菜の味は格別です。

わが国では食の安全性が大きな問題になっており、先進国の中でダントツに低い食料自給率も危惧されています。最近では「食育」という言葉も一般化してきていますが、その第一歩は「自分でつくった穫れたての野菜はおいしい」ということを実感することではないでしょうか。もちろん、無農薬で育てるので、まさに安心・安全です。

●ガーデニング＋家庭菜園＋α

しかし、それだけの魅力ならば、ガーデニングや家庭菜園も同じかもしれません。緑のカーテンは、それらの魅力プラス、さらに家を涼しく快適にしてくれるのです。これはもう、おのずと力が入るというものです。

開花したアサガオ

プランターに植えたブドウ（デラウェア）

香りのよいカロライナジャスミン

「身近な自然」で暮らしが豊かに

緑のカーテンづくりは小学校などでも取り組まれており、平成16年の環境白書（環境省）にも取り上げられるなど、環境教育を実践する場としても注目されています。また、家庭で楽しみながら取り組む人が増えています。

●自然が身近にある豊かさ

かつての人間は、自然からさまざまな恩恵を得ながら暮らしていました。現在のような都市空間に暮らすようになったのは、人間の歴史から見ればほんの最近のことです。そして生活が引き起こすストレスが、人々の心身にさまざまな問題を引き起こしています。

緑のカーテンは、かつての自然とともにある暮らしのミニチュア版ともいえるものです。身近に目に優しい緑、耳に心地よい葉の音、そして食べ物までをも供給してくれる自然があることは、それがたとえミニチュアであっても、心に大きな安心感を与えてくれるのです。そんな自然に日常的に接することによって、知らず知らずのうちに日々の微細な変化をも感じ取れるようになっている自分に気づくはず。そういうことこそが、本当の意味での心の豊かさなのではないでしょうか。

戸建て住宅の軒下の緑のカーテン

●日常的に自然と接することの教育効果

そしてまた、緑のカーテンの世話をしたり、その恩恵を感じたりすることは、「自然と自分とはつながっている」という感覚を呼び覚まし、地球温暖化

自然の大切さ、恩恵を実感

やヒートアイランド現象、水問題といった、さまざまな環境問題への関心が深まります。特に子どもたちは、日常的に緑のカーテンと接することによって、こうした問題を身近な生活の問題として考えることができるようになっていきます。

だからこそ、学校での環境教育の場として緑のカーテンが注目されているのですが、それは学校で行われる直接的な教育活動だけに限りません。暮らしのそばに自然があることが、子どもたちに大きな教育効果をもたらしてくれるのです。

●家族の会話が増える

緑のカーテンをつくっている人たちからよく聞く感想に、「夫婦間や子どもとの会話が増えた」というものがあります。

相手が命あるものであり、毎日何かしらの変化があるものですから、緑のカーテンに関する話題は日々尽きることはありません。そしてまた、家族が共にひとつの目的を持って作業をすることで、一体感も得られます。

住民同士の交流で地域がつながる

●地域の関係づくりに貢献

緑のカーテンづくりを実践しているマンションなどでは、住民同士で収穫したばかりのゴーヤーやキュウリを分け合ったり、つくり方、食べ方の情報交換をしたりして、その関係性がより密接になっています。

特に都会では、近所づきあいの無さ、互いの無関心さが問題になっていますが、緑のカーテンはコミュニケーションツールとして、地域の関係づくりに一役買っているのです。

私たちＮＰＯ法人 緑のカーテン応援団は、地元の東京都板橋区をはじめ、日本各地で緑のカーテンに取り組む人たちを応援しています。学校や企業での取り組みも、どんどん増えています。

緑のカーテンで体育館を日陰空間に（埼玉県朝霞市役所とリブランで協働実施）

●景観も人間関係も良好に

皆さんも、緑のカーテンの魅力を体感したら、ぜひ、周りの人にもその魅力を教えてあげてください。緑のカーテンが町中に広がれば、ヒートアイランド現象が緩和されるだけでなく、景観も、住人同士の関係性も良好になり、いまよりもっと暮らしやすい地域になっていくはずです。

あなたの暮らす地域がさまざまな緑のカーテンに包まれ、森のようになったら、なんだかステキだと思いませんか？

緑のカーテン

涼を呼ぶ緑のカーテン

戸建て住宅(永友邸・東京都板橋区)

ベランダにネットを張り、ゴーヤーなどを栽培して緑陰をつくる

収穫期のゴーヤーの果実

ゴーヤーの開花

風船のように膨らんだフウセンカズラ

ネバネバが人気のオクラの果実

建物正面の窓をフウセンカズラの緑のカーテンで覆う

緑のカーテン

緑のカーテンで暮らしを演出

マンション（石川＆菊本邸・東京都練馬区）

ベランダは、心地よい風が吹き抜ける緑陰スペース

バルコニーに設置したリュウキュウアサガオの棚

ベランダの窓辺に緑のカーテンとしてジャスミンを這わせる

日よけのため、バルコニーの一角にシェードを張る

栽培の楽しみ＆観賞・収穫の喜び

収穫直前のインゲン

色づきはじめたゴーヤーの果実は種採り用

収穫直前のゴーヤーの果実

ブドウ（デラウェア）の果実

アサガオの開花

いっせいに咲くリュウキュウアサガオの花

ヘチマの果実

ヘチマの開花

ロイヤルジャスミンの開花

緑のカーテン

緑陰と日向の温度を測定

実施＝東京都・板橋区立高島第五小学校

ヘチマの葉やつるが緑いっぱいのすがすがしい空間をつくる

サーモカメラで温度を測定。緑陰と日向に10℃近くの温度差があることがわかる

校舎に張られた広大な緑のカーテン（ヘチマ）

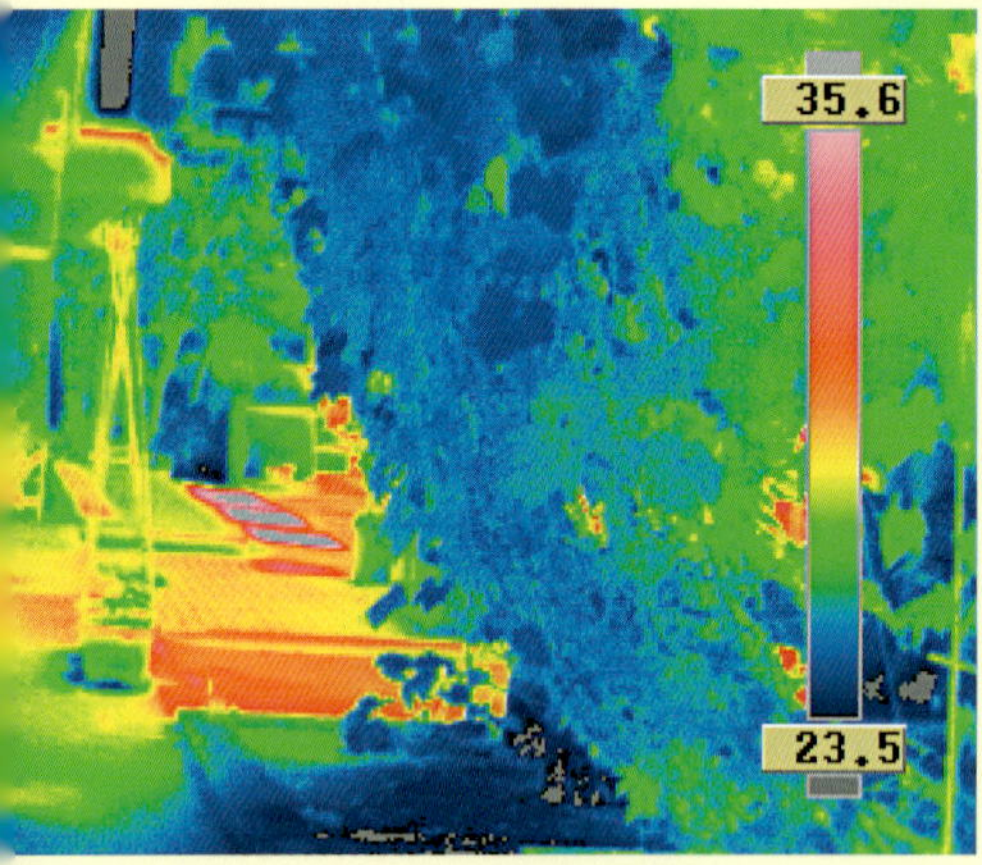

用土などの資材いろいろ

（P37～参照）

ピートモス↓　腐葉土↑

鉢底石

赤玉（小粒）↑　赤玉（中粒）↓

第2章

緑のカーテンが涼しい理由

緑のカーテンが利用するのは、生きた植物のさまざまな力。植物をしっかりと育てることによって、エネルギー消費に頼ったライフスタイルとは異なる暮らしがみえてきます。それは、どういうことなのかを紹介しましょう。

ベランダのネットを覆うゴーヤー、オクラ

人が暑さや涼しさを感じるのはどうしてなのか

●人が暑さや涼しさを感じる要因

暑さや涼しさとは、その人が体で感じたこと。体に覚えている温度（体感温度）は、熱さや冷たさを数値として示したものですが、例えば南の国に行ったとき、私たちは暑いと感じますが、現地の人たちはちっとも暑く感じていなかったり、室温20℃の部屋にいるのと、水温20℃のプールに入るのとでは、まるで感じ方が違ったり、と複雑です。

このように人が暑いと感じるのには、さまざまな要因が関係しますが、じつはこれは人の体がうまくできているからです。

気温

空気の温度のことです。気温が28℃と40℃では40℃のほうが暑く感じます。でも、暑さの感覚は、気温だけでは決まりません。

放射熱

あらゆるものは、その温度に応じた電磁波（赤外線）を放出しています。これを放射といいます。放射による熱の伝わり方を放射熱といいます。この放射熱をたくさん吸収すれば、私たちの体は熱を感じます。一方、私たちの体がたくさんの放射熱を出せば、冷たく感じます。

直射日光も放射熱です。太陽の表面が６０００℃という超高温のために地球にやってくる放射熱で、その中の一部は可視光として私たちの目が感じることができるものです。同じ気温でも、直接日光を浴びているのと日陰にいるのとでは体に感じる温かさ、あるいは熱さが違いますが、これは直射日光が直接当たっているか、さえぎられているかによる差なのです。

電球のようなそれ自体が発熱して温度が高くなるものはもちろん、コンクリートのように発熱しないものでも、直射日光を浴びて熱をため込んで温度が高くなれば、その分だけ放射をすることになりま

暑さを感じる主な要因

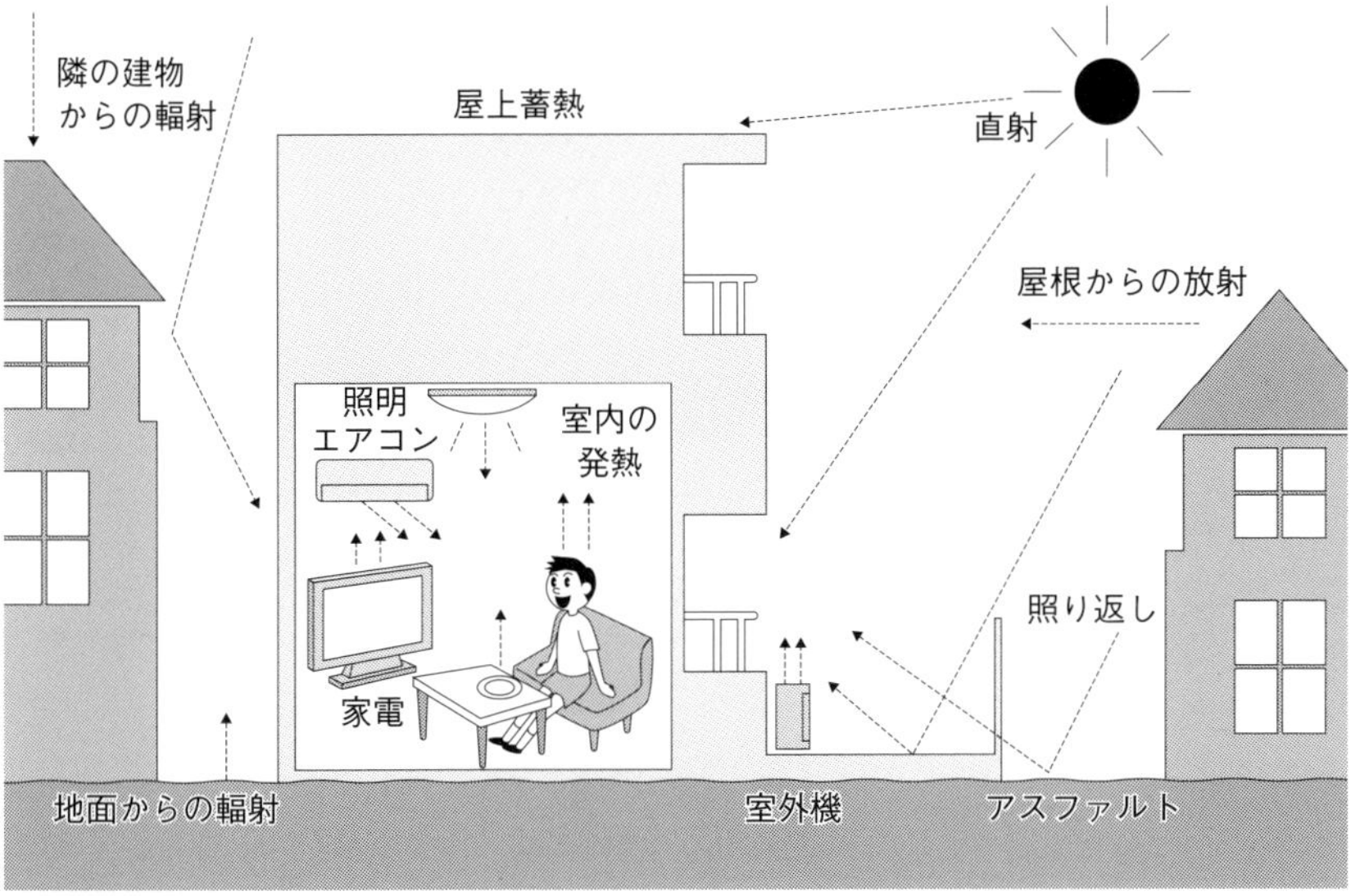

出典)『エコミックスデザイン教本』(リブラン)

す。たとえ家の中にいたとしても、直射日光に温められた屋根や壁や床などが発する放射熱に、私たちは知らず知らずのうちにさらされ、熱を感じているのです。

湿度

私たちは暑いと汗をかきます。その汗が蒸発すると体の熱を奪って、結果として体は涼しく感じます。

ところが湿度が高いと、つまり空気中の水分量が多いと、それだけ汗が蒸発しにくくなります。そうすると体の熱が奪われにくくなるので、暑く感じがちです。湿度が高くても、そよ風があれば蒸発が促進されるので涼しく感じられます。

気流(風)

私たちの体に接している空気は、絶えず温められます。これが風で吹き飛ばされると、涼しく感じます。扇風機の風に当たると、気温は同じなのに涼しく感じるのは、そのためです。

放射熱をさえぎり、その発生を抑える

●(気温＋放射熱)÷2＝体感温度

体感温度は、気温・放射熱・湿度・気流といった要素が関係してきます。ここでは体感温度を割り出す簡単な方法を紹介しましょう。

それは、［(気温＋放射熱)÷2］。この計算式で出てきた温度が、体感温度に近いものになります。この数式こそが、緑のカーテンを考えるうえでの、もっとも重要なポイントになります。

●放射熱を下げれば体感温度も下がる

部屋の気温を28℃に設定した、バルコニーに面した部屋を想定して、体感温度を考えてみましょう。

夏の暑い日、直射日光を浴びたコンクリートがどんどん熱を蓄えるため、バルコニーの床の表面温度は50～60℃まで上がってしまいます。そうすると、部屋の中にいてもバルコニーの近くでの体感温度は［(28℃＋50℃)÷2＝39℃］でかなり暑いです。

ところが、緑のカーテンで覆ってバルコニーに直射日光が当たらないようにすると、床の温度を約30℃に抑えることができます。すると［(28℃＋30℃)÷2＝29℃］。体感温度で10℃もの差が出てくるのです。

バルコニーを緑のカーテンで覆うことは、バルコニーに直射日光が当たるのを防ぐだけでなく、当然、部屋の中の床や人の体に直射日光が当たるのを防ぐ目的もあります。十分に茂った緑のカーテンは、直射日光の熱を80％カットすることができるといわれています。

つまり緑のカーテンをつくると涼しい理由のひとつは、外部から直接侵入してくる放射熱をさえぎるとともに、カーテンの内側にあるものが蓄熱することを防ぎ、そこからの放射熱の発生を抑えることなのです。緑のカーテンで覆う範囲が広ければ広いほど、その効果は大きくなることになります。

日差しの遠ざけ方と効果

A　何もしない場合

何の対策もしていないと直射日光がバルコニーから室内を照らし、バルコニーや室内から輻射熱も発生している

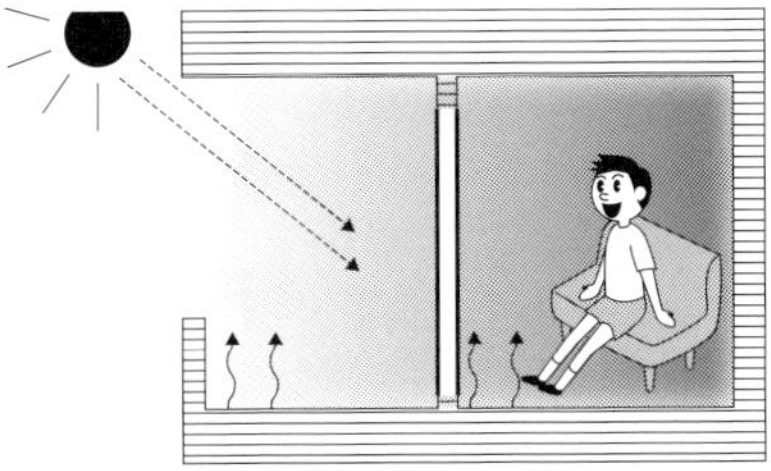

B　室内に日よけをつけた場合

室内にカーテンなどを下ろして直射日光を遮断した場合である。それでもガラス面、バルコニーは直射日光にさらされて熱を持ち、カーテンも日光に照らされて放射熱を発生してしまう

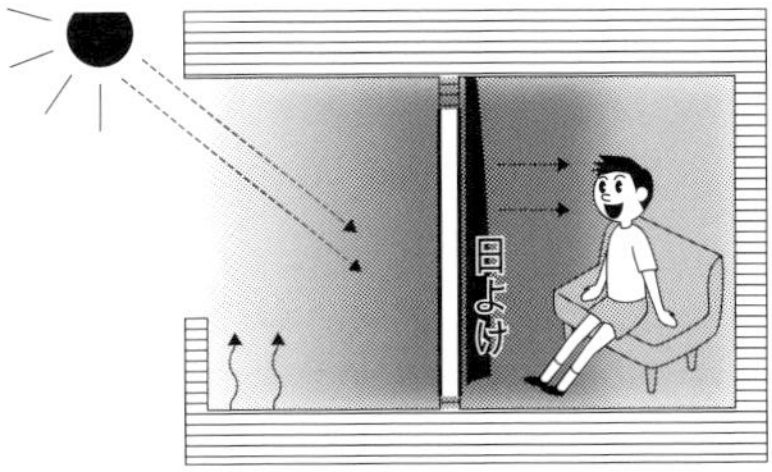

C　室外に日よけをつけた場合

すだれ、よしずなどをガラス面の外（バルコニー側）に置いて直射日光を遮断している。ガラス面を直射日光が照らさないため熱の発生も抑えられ、Bより効果的に熱を遠ざけることができる

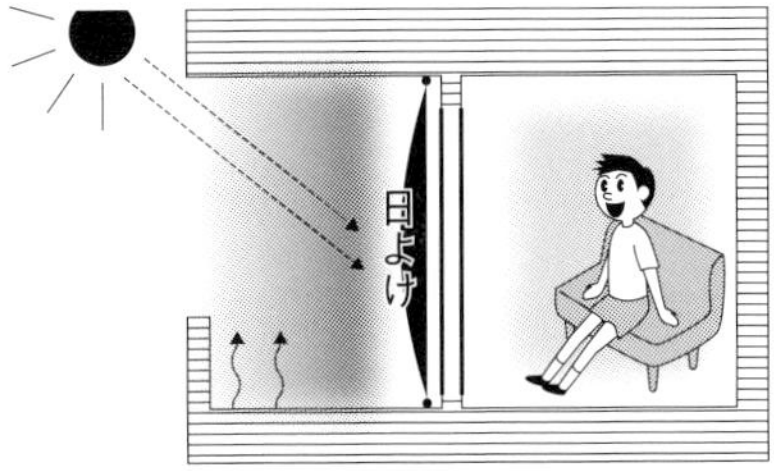

D　窓から離して日よけをつけた場合

日よけ（緑のカーテンなど）をできるだけ窓より遠くに設置している。このように窓の外側に日陰空間をつくるようにすると、もっとも効果が大きくなる。直射日光が室内、バルコニーを照らすことがなく、輻射熱の発生もほとんど抑えることができる

出典）『エコミックスデザイン教本』（リブラン）

植物の蒸散の力を巧みに利用する

「ただ直射日光をさえぎるのならば、わざわざ植物を使わずに、すだれでもよいのでは？」と疑問に思う方もいるはず。直射日光の熱を80％カットするといわれる緑のカーテンとすだれには、どんな違いがあるのでしょうか。

●植物が発生する放射熱は低い

植物は生きているので、直射日光に当たるにまかせて体温を上げていたままでは、すぐに枯れてしまいます。植物は根から水を吸い上げ、それを光合成に使うだけでなく、葉から能動的に蒸発させています。そのことによって、自身の体温を下げているのです。ここがすだれと違う点です。この作用を蒸散といい、この力が緑のカーテンの効果に大きく貢献しています。

すだれは、確かに直射日光をさえぎる効果はありますが、すだれ自体の温度は直射日光を浴びてどんどん上がり、その熱が室内に向かって放射されることになります。それが植物であれば、植物自身の温度は一定以上にはならないため、発生する放射熱も抑えられるのです。

●周りの気温を下げる効果も

植物は、常に葉から蒸散を行っています。葉の温度（植物にとっての体温）を上がらないようにするための作用です。このような葉からなる緑のカーテンがあると放射熱が減るので、涼しくなるわけです。植物の葉は、さらに周りの気温もわずかに下げてくれます。

緑のカーテンの葉の間を通ってくる風は、わずかに冷やされた空気を送ってくれ、また、放射熱が小さくなっているので、爽やかに感じるのです。人工のクーラーとはちょっと違う天然のクーラーなのです。

バルコニーにパーゴラを設置。ゴーヤーなどを植栽

小学校の大規模な緑のカーテン

空に向かってぐんぐん伸びるヘチマ

緑のカーテンの効果はどれくらい？

●緑のカーテンによって温度に10℃の差

では、実際のところ緑のカーテンの効果はどれくらいあるのでしょうか。

図は、緑のカーテンをつくった東京都・板橋区立板橋第七小学校での測定結果です。

教室の窓側の温度を比べてみると、二面を緑のカーテンで覆った教室は29・9℃、一面を緑のカーテンで覆った教室は31・3℃、緑のカーテンで覆われていない教室は41・5℃と、10℃もの差があることがわかります（温度計も周囲の放射熱の影響を受けています）。

緑のカーテンに覆われていない教室（窓を締めきっている状態）は直射日光が入り込み、さらには、それによって温められた壁や床が放射熱を発するため、高い温度を示しています。教室外側のバルコニーや壁のコンクリートも熱容量が大きく熱をため込

緑のカーテンの効果を測定

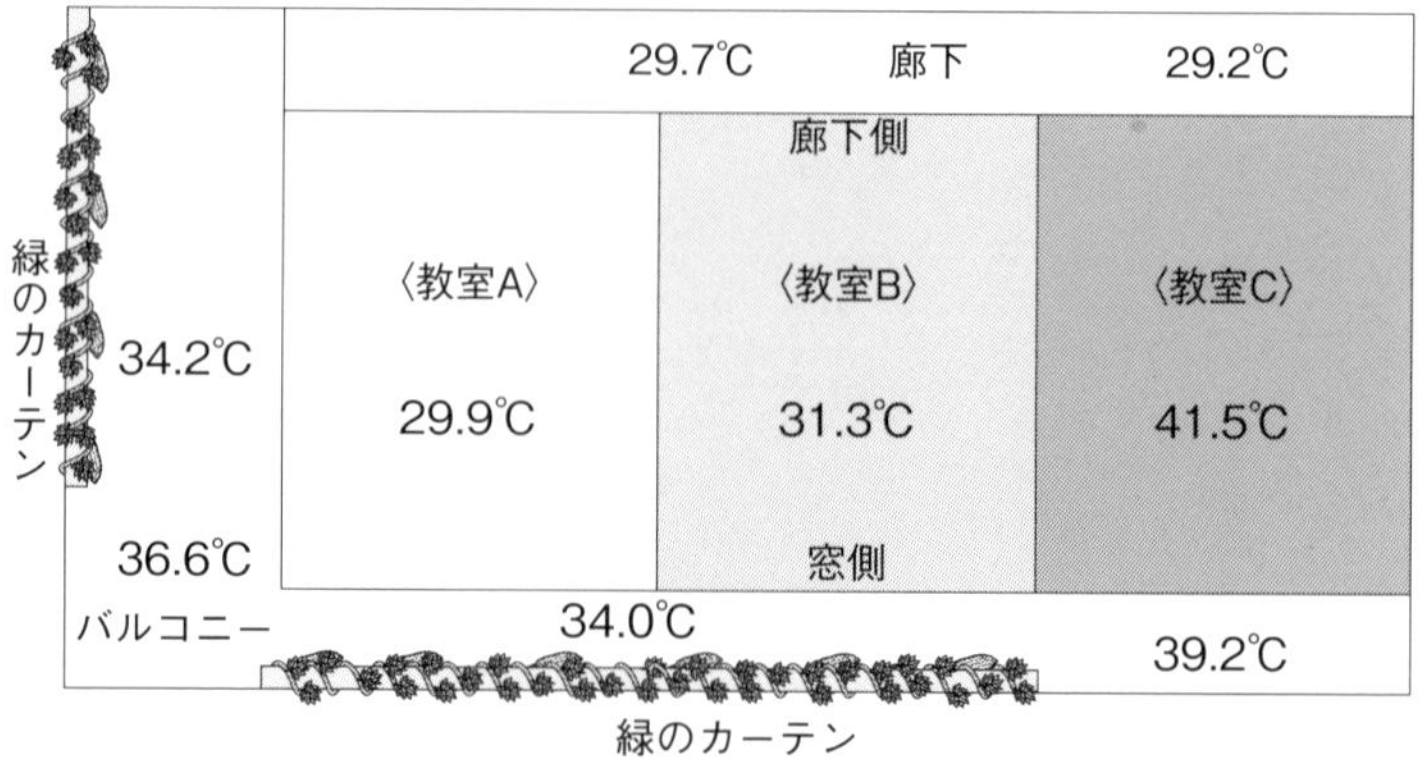

注）①東京都・板橋区立板橋第七小学校の例
②教室Aは２面に緑のカーテンを設置。教室Bは窓側のみ緑のカーテンを設置
③板橋第七小学校とリブランで協働実施
④NPO法人緑のカーテン応援団のホームページなどをもとに加工作成

東京都・板橋区立高島第五小学校の緑のカーテン

毎年、環境学習の一環として緑のカーテンづくりを実施

む性質があるため、より一層暑く感じます。

●暑さの差は気温差以上

ある日、緑のカーテンに覆われている教室（窓を開けている状態）に、緑のカーテンに覆われていない教室の先生が「暑くて大変だ」と言いに入ってきました。

緑のカーテンに覆われている教室の子どもたちは涼しく感じていたので、試しにその教室に行ってみたところ、本当に暑く感じたのだそうです。ところが気温を測ってみると、これが見事に同じでした。

このように、緑のカーテンの効果は気温だけではなく、体感温度が変わるというのが大きなポイントなのです。

●光も風も通すのが緑のカーテン

放射熱の侵入をさえぎったり、発生を抑えたりしながら、なおかつ光も風も適度に通すことができる……こんな効果を発揮できるのは、まさに緑のカーテンだからこそといえましょう。

◆緑のカーテンQ&A

私たちNPO法人 緑のカーテン応援団が、緑のカーテンづくりをすすめるときに、よく聞かれる質問がありますここではそれらの質問について、お答えしましょう。

Q1　洗濯物は乾きますか？

A　夏場ならば、温度も風通しも十分で、カーテンの内側でも十分乾きます。お日さまに直接当てるよりも、かえって良い具合の陰干し状態になり、むしろおすすめです。

どうしてもお日さまに当てたいという人は、物干しスペースを開けておくか、緑のカーテンを可動式にするとよいでしょう。

Q2　暗くなりませんか？

A　もちろん、何もないよりは暗くなりますが、まぶしくなくなる程度で、昼間は電気をつけなくても十分生活できるレベルです。

葉を通してくる木漏れ日のような光は、部屋の中から見ると本当にきれいです。

Q3　虫が来ませんか？

A　一般的なガーデニングと同様に、虫は来ます。でも、虫は花の受粉を手伝い、実をならせてくれるのですから、逆に虫が来ることが楽しみになります。

これまで緑のカーテンづくりをしている人が、ハチに刺されたといったことは聞いたことがありません。緑のカーテンでは、花は外側に咲きますから、虫たちの主な活動場所も外側です。変な手出しをしない限り、危ないことはないはずです。

もちろん、植物にとっての害虫もやってきます。第3章に詳しく書いてありますが、アブラムシやハダニなどを見つけたら、こまめに取り除くことも必要です。

Q4　冬は寒くなりませんか？

A　基本的には1年草を使い、秋になり枯れた後には片づけてしまいます。お日さまが恋しい季節に緑のカーテンはありません。

またブドウなどの樹木や多年草を使う場合でも、冬に葉を落とす落葉性のものを使うので、冬には日差しが入ります。

第3章

緑のカーテンをつくってみよう

ここでは、ゴーヤー（苦瓜）を使って、マンションのベランダやバルコニーに窓1面分（幅約1.8m）の大きさの緑のカーテンをつくる例を中心に紹介します。難しいことは、何もありません。経費もそれほどかかりません。ぜひ、挑戦してみてください。きっと緑のカーテンの魅力が実感できるはずです。

ベランダを覆うゴーヤーの緑のカーテン

緑のカーテンづくりのタイムスケジュール

●まずはゴーヤーで緑のカーテン

緑のカーテンの効果は、第2章で紹介したとおり、外からの放射熱をさえぎり、さらには周囲のものが発する放射熱を抑えること、そして植物による蒸散の力を利用することで得られるものです。ですから、なるべく広い範囲を覆うように緑のカーテンをつくったほうが効果的なのですが、最初からそれを目指すのは大変かもしれません。

そこで初めてトライする皆さんに提案したいのは、まずはベランダに面した1部屋分の窓を、緑のカーテンで覆うこと。そこで、少なくとも緑のカーテンに覆われた部屋では、その効果を実感することができるはずです。

この章では、マンションのベランダなどに面した窓1面分（幅約1・8m）を覆うことを目的にした、簡単な緑のカーテンづくりを紹介していきます。使用する植物は、育てるのが容易で実も食べることができるゴーヤー（苦瓜《にがうり》）を例としています。

ゴーヤーの果実いろいろ

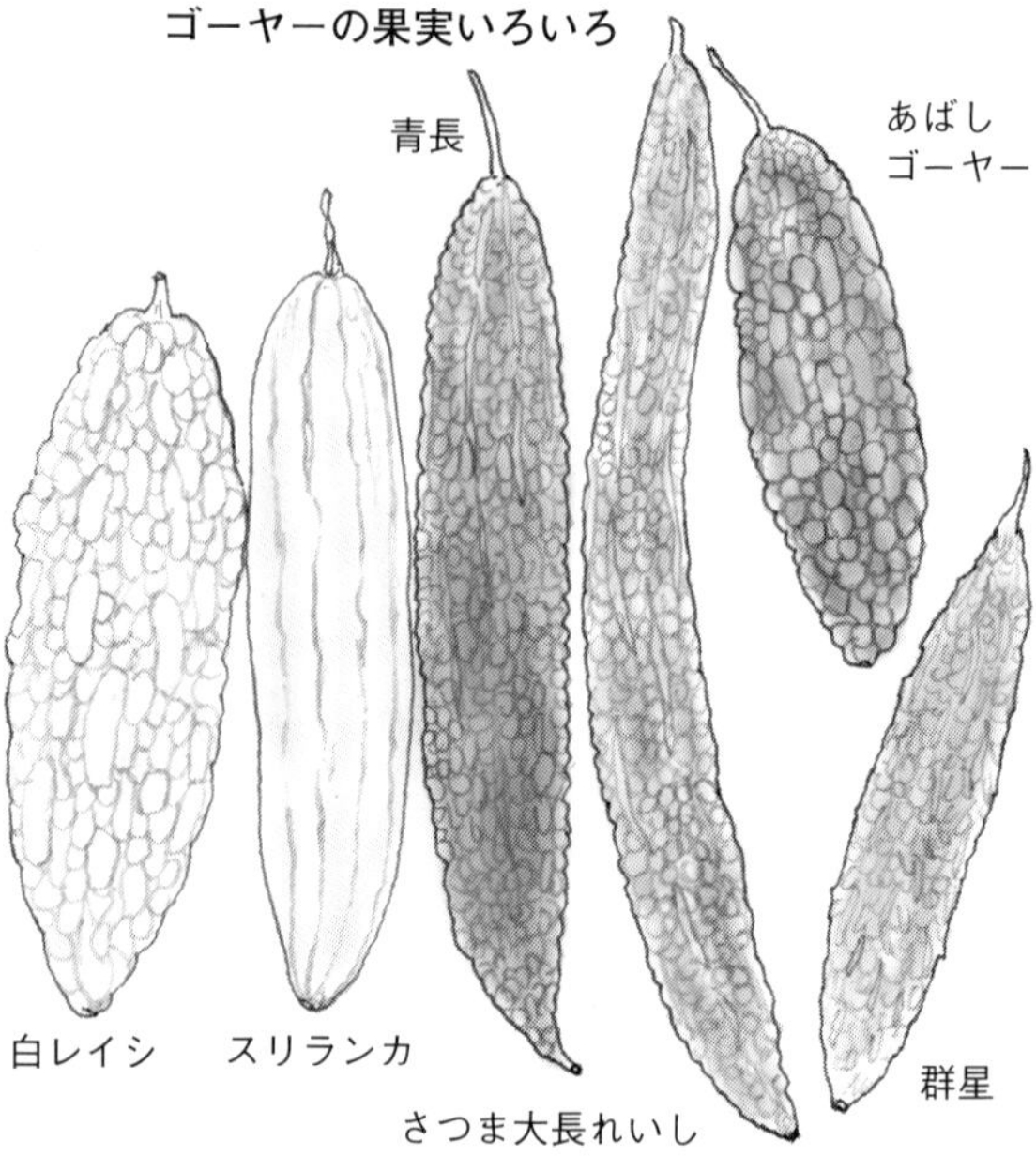

緑のカーテン（ゴーヤー）の作業暦例

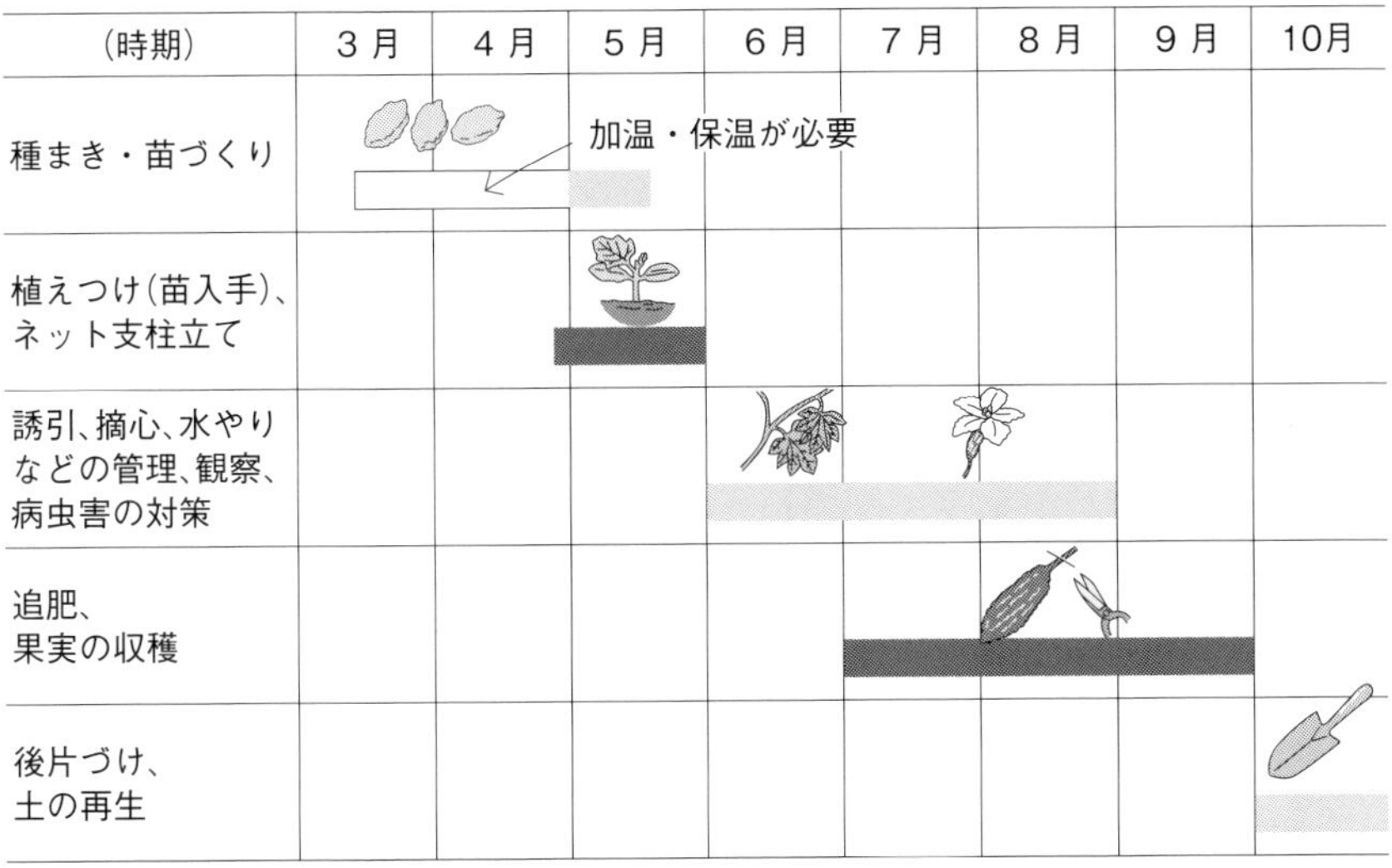

注）①栽培は関東南部、関西平野部を基準としている。5月の種まきはプランターなどへの直まき
②『緑のカーテンハンドブック』（緑のカーテン応援団）などをもとに加工作成

●春から始まる緑のカーテンづくり

緑のカーテンづくりの目標は、夏の盛りの7〜8月に、ベランダを葉で覆うこと。その目標に向けてのスケジュールは、作業暦例のとおり春先から始まります。

もちろん、このスケジュールに示されているように、毎日の水やりなどの管理や観察は必須です。

3月末〜4月　資材の購入（p34〜）。土づくり（p37〜）。種まき・苗づくり（種から育てる場合。p43〜）

4月末〜5月　植えつけ（苗から育てる場合。p44〜）。ネットの設置（p46〜）

6月　誘引（ゴーヤーのつるがネットにからまるように誘導する処理。p50〜）。摘心（ゴーヤーがネット全体に広がるようにする処理。p50〜）。水やり対策（p52〜）。病虫害対策（p54〜）

7月〜　追肥（開花・結実・収穫の時期に。p56〜）

10月　後片づけ、土の再生・確保（p62）

資材、種苗、用土を準備する

●準備する資材いろいろ

プランター　ゴーヤーを植えつけるのに使用します。なるべく大きなもの（長さ60㎝・奥行25㎝・深さ30㎝以上）がよいでしょう。さまざまな素材のものがあり、プラスチック製ならば１０００円以下で販売されています。テラコッタや木製のものは少し高価ですが、見た目に優れます。

また、緑のカーテン用のプランターキットや底面灌水ができたり、キャスターが付いたりするタイプのプランターやコンテナが考案され、入手できるようになっています（問い合わせ先P６参照）。

ネット　ゴーヤーを這わせていくために使用します。園芸用ネットとして、幅１・８ｍのものが長さ１ｍあたり数百円で販売されています。編み目のサイズは１００㎜のものがよいでしょう。この大きさだと葉が茂っても適度に風が抜けますが、18㎜や25㎜といった小さな編み目のものだと、ゴーヤーの葉が面で風を受け、傷んでしまう場合があります。

つっぱり棒　ネットを張るために、最低２本を使用します。横竿受けのジョイントや金具が付いている、バルコニー物干し用のつっぱり棒が便利です。

１８００㎜×１８００㎜のネットに緑のカーテンの葉が茂り実がなると、その総重量はかなりの重さになります。風が吹いたりすると、加重がかかりま

プラスチック製のプランター

手づくりのコンテナ（底面の板に穴を開け、キャスターを取り付けている）

100mm角の園芸用ネット

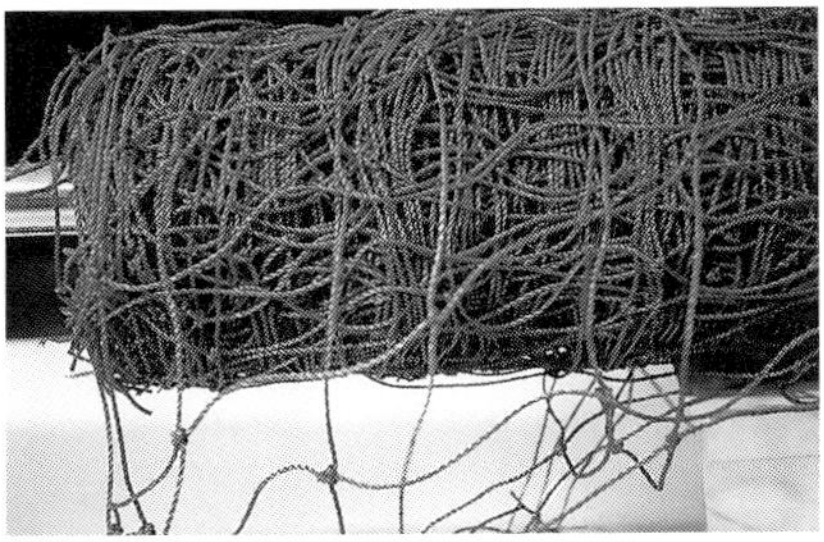

巻き売りの園芸用ネット

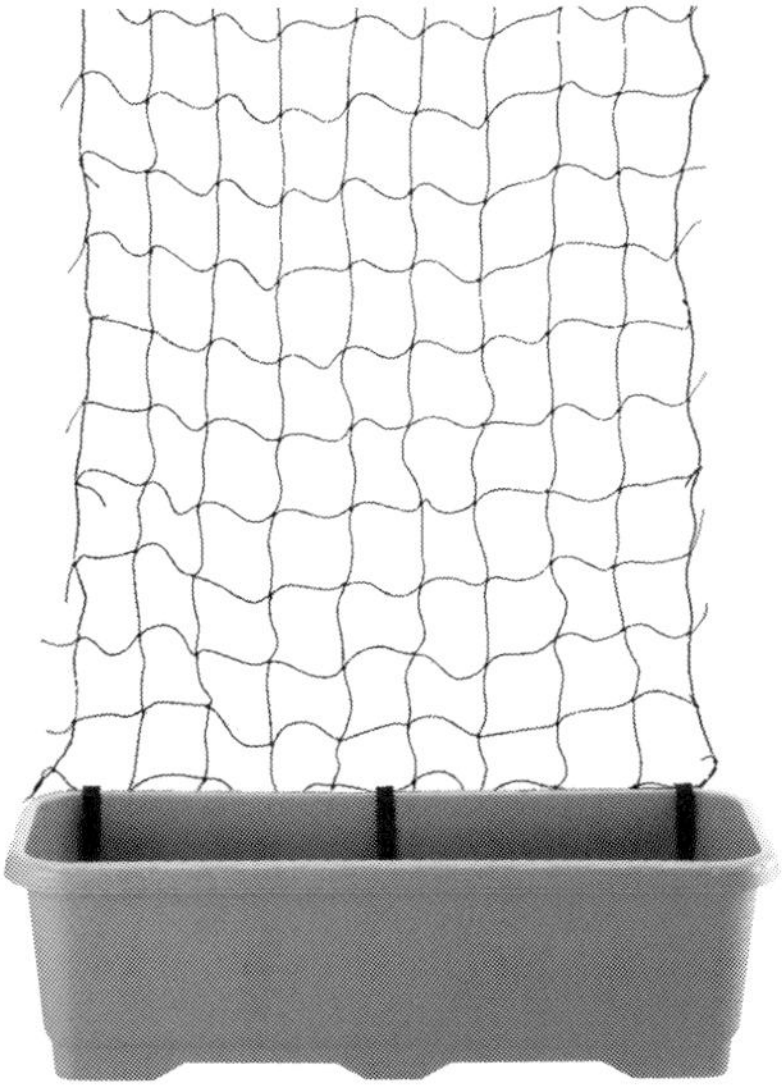

「緑のカーテンプランター85型」(緑色など)。ネット、留め具が付いている。プランターの寸法は長さ85.5cm・奥行32cm・深さ25cm。(株)リッチェル(富山市)

板橋区立高島第五小学校に設置したキャスター付きのコンテナ。寸法は長さ100cm・奥行40cm・深さ60cm。NPO日本コミュニティガーデニング協会(東京都渋谷区)

底面灌水タイプの「EGプランター」。タンクに水を入れておき、プランターの底面がゼロに近づくとバルブが開いて、水を補給する仕組みになっている。プランターの寸法は長さ60cm・奥行27.8cm・深さ19.5cm。(株)ガーデン二賀地(宮城県仙台市)

す。耐荷重30〜50kgのものならば、2本で十分でしょう。それ以下の耐荷重のものならば本数を増やす必要があります。耐荷重30〜50kgのものは、1本1000円〜2000円で

ふるい

結束バンドいろいろ

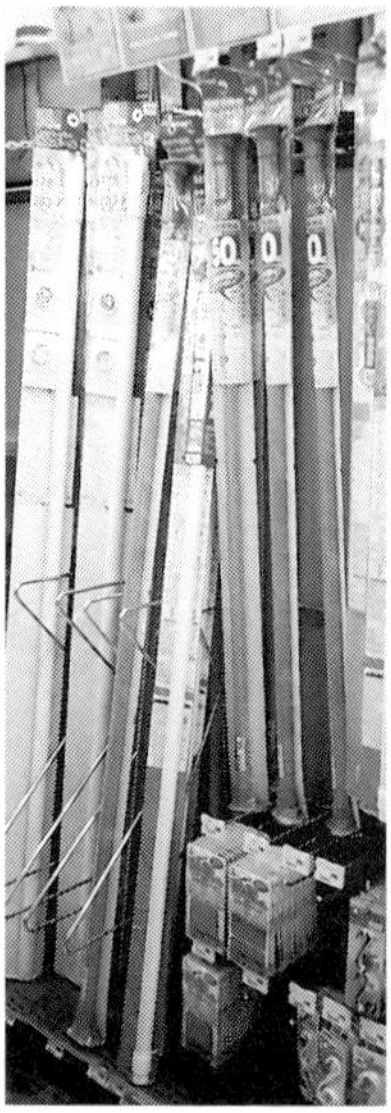

便利なつっぱり棒

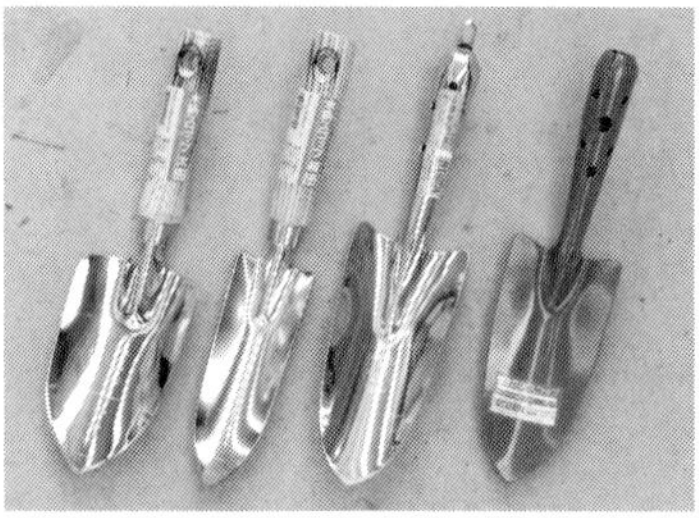

スコップいろいろ

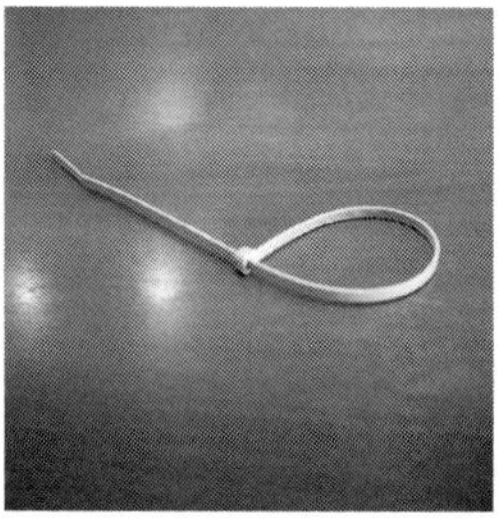

ネットを留める結束バンド

販売されています。

バルコニーの上の軒に設置用のフックなどがあらかじめ付いている場合はそれを利用します。

横竿　つっぱり棒に張ったネットがずり落ちてこないように使用します。普通の物干し竿や太い園芸用支柱で十分です。

結束バンド（インシュロック）　つっぱり棒にネットを留め、張るために使用します。

ジョウロ・移植ごてなど　水やりや植えつけ作業をするときに使用します。

●種苗、用土などを用意する

ゴーヤーの種、苗　p42〜・72〜で詳しく紹介します。

土　p37〜で詳しく紹介します。

肥料　p39〜・56〜で詳しく紹介します。

鉢底石　プランターの底に敷く石。土が水と一緒に流れ出すのを防ぎ、通気性もよくします。

植物保護液・活性剤など　p54〜で紹介します。

しっかり育てるための土づくりの基本

ゴーヤーに限らず野菜が好む土は、土の間に隙間があって、水がサッとしみ込み、適度に水分を残しながら、水はけが良いような土。このような土は空気の通りも良く、実際に触ってみるとフカフカしています。

しっかりと緑のカーテンに育ってくれるように、またおいしい果実をたくさん実らせてくれるように育てるためには、なんといっても良い土に植えることが大切です。

●お手軽な市販培養土

初心者にとってもっとも手軽で便利なのは、市販されている培養土。最初から土と土壌改良材、肥料などが混ぜ合わせられており、袋から出すだけでそのまま使用できます。

各社から、さまざまな種類の培養土が販売されていますが、ゴーヤーを育てる場合は「野菜用」「果菜用」と銘打たれたものを購入するのがよいでしょう。

●自分で土をつくるなら

必要な用土と割合

土は、市販されている用土を自分でブレンドしてつくることもできます。そのときの基本となる用土と割合は次のとおりです。

赤玉土（50％）　均一の粒をした、土づくりの基本となる用土。園芸用の、中粒か小粒のものを。

黒土（20％）　赤玉土よりも細かい土。赤玉土と混ぜることで、土の中に適当な隙間をつくります。

腐葉土（10％）　その名のとおり、木の葉などが腐食して土状になったもの。土の湿りけを保ち、かつ水はけを良くする働きがあります。また、土の中の微生物のエサになり、その活動を活性化させます。有機物であり養分もありますが、肥料というよりは、土壌改良材としての役割を果たします。

主な用土の特徴と使い方

用土の種類			特徴	通気性	保水性	保肥力	利用の仕方
ベース用土	赤土	単粒土	火山灰土の下層土。排水性は悪く、黒土より養分が少ない	○	◎	◎	
	黒土	〃	関東地方の台地表層土。軽くてやわらかい	○	◎	◎	
	荒木田土	〃	田の下層土や川の沖積土。粘質で固まりやすい	△	◎	◎	
	赤玉土	団粒土	関東ローム層などの赤土をふるいにかけたもの。粒の大きさはいろいろ	◎	○	◎	代表的なベース用土。腐葉土や川砂などを混ぜて使う
	鹿沼土	〃	栃木県鹿沼地方でとれる風化した火山灰砂れき。多孔質	◎	○	◎	サツキによい
調整用土（目的に応じてベース用土に混ぜるもの）	腐葉土	植物性	落ち葉が堆積して発酵腐熟したもの。養分が多い	◎	○	◎	ベース用土に混ぜる代表的な植物性用土
	ピートモス	〃	シダや水ゴケが堆積して腐熟したもの。酸性が強い	◎	◎	○	鉢物に向く
	もみ殻クン炭	〃	もみ殻を蒸し焼きにしたもの。アルカリ性	◎	○	○	
	ヤシ殻活性炭	〃	ヤシ殻を蒸し焼きにしたもの。アルカリ性	◎	○	○	ラン、観葉植物に向く
	バーミキュライト	人造物	黒雲母が風化したヒル石を高熱で焼いたもの。肥料分はない	◎	○	◎	代表的な調整用土
	パーライト	〃	真珠石を焼成したもの。軽い	◎	△	△	代表的な調整用土
	バーク	植物性	針葉樹などの樹皮をくだいたもの。腐りにくい	◎	○	○	洋ランに向く
	ヘゴ	〃	木性シダの幹からつくるもの。腐りにくい	◎	○	△	洋ランに向く
	ヤシ殻	〃	ヤシの実を細かくしてスポンジ状にしたもの	◎	○	○	ラン、観葉植物に向く
	水ゴケ	〃	湿地に生えるコケを乾燥させたもの	◎	◎	○	
	軽石（パミス）	天然石	火山れきが風化したもの	◎	△	△	洋ラン、観葉植物に向く
	川砂	天然砂	天神川砂、矢作川砂、甲州砂など	◎	△	△	ラン、オモトには単用する
	ケト土	植物性	湿地のマコモやヨシなどが堆積して分解したもの	△	◎	◎	盆栽の石づけによく使う

出典）『やすらぎのガーデニング』（近藤まなみ著、創森社）

ピートモス（10%）　コケなどの植物が腐食してできた泥炭。養分と水分を保持する役割を果たします。ゴーヤーの場合は、酸性度を調整したピートモスを選びましょう。

バーミキュライト（10%）　ヒル石を高熱で焼成してつくられた人工の土。細かい孔がたくさんあり、土の通気性や湿りけを保つ役割を果たします。

元肥を入れる

ここまでは、ゴーヤーの根にとって住み心地の良い家をつくってきたようなもの。ゴーヤーの根が育つのには、住み心地の良い家とともに、養分が必要です。つまり肥料です。

市販培養土を使用するならば、最初から肥料が入っているので必要はありませんが、自分で土をブレンドする場合は、苗を植える前に、あらかじめ土に肥料を入れておきましょう。このようにあらかじめ施しておく肥料のことを、元肥といいます。

植物にとってもっとも重要な肥料成分は、窒素、リン酸、カリ。それぞれには、次のような役割があります。

窒素（N）「葉肥《はごえ》」ともいわれ、主に葉や茎を茂らせるのを助ける成分。

リン酸（P）「実肥《みごえ》」ともいわれ、主に花を咲かせたり実をならせるのを助ける成分。

カリ（K）「根肥《ねごえ》」ともいわれ、主に根の生育を助ける成分。

野菜が育つために必要な主な養分

<table>
<tr><th></th><th colspan="2">名称</th><th>役割</th></tr>
<tr><td rowspan="5">5要素</td><td rowspan="3">3要素</td><td>窒素（N）</td><td>茎や葉を茂らせる。もっとも多く必要とされる成分で、アミノ酸をつくり、たんぱく質となる。葉肥ともいわれる</td></tr>
<tr><td>リン酸（P）</td><td>花やつぼみ、実の生育を促す。発芽や根の生育にも必要とされる。実肥ともいわれる</td></tr>
<tr><td>カリ（K）</td><td>根の生育を促す。光合成を盛んにしてたんぱく質などをつくる。窒素が効きすぎるのを抑制する。根肥ともいわれる</td></tr>
<tr><td colspan="2">カルシウム（Ca）</td><td>窒素がアミノ酸やたんぱく質になるために必要とされる。有害物質を中和したり、細胞を強くする</td></tr>
<tr><td colspan="2">マグネシウム（Mg）</td><td>葉緑素をつくる。新陳代謝を促す</td></tr>
</table>

出典）『有機・無農薬の野菜づくり』（三ツ口拓也ほか監修、ブテック社）

あると便利な土壌pH計

ゴーヤーに適した土の配合割合（例）

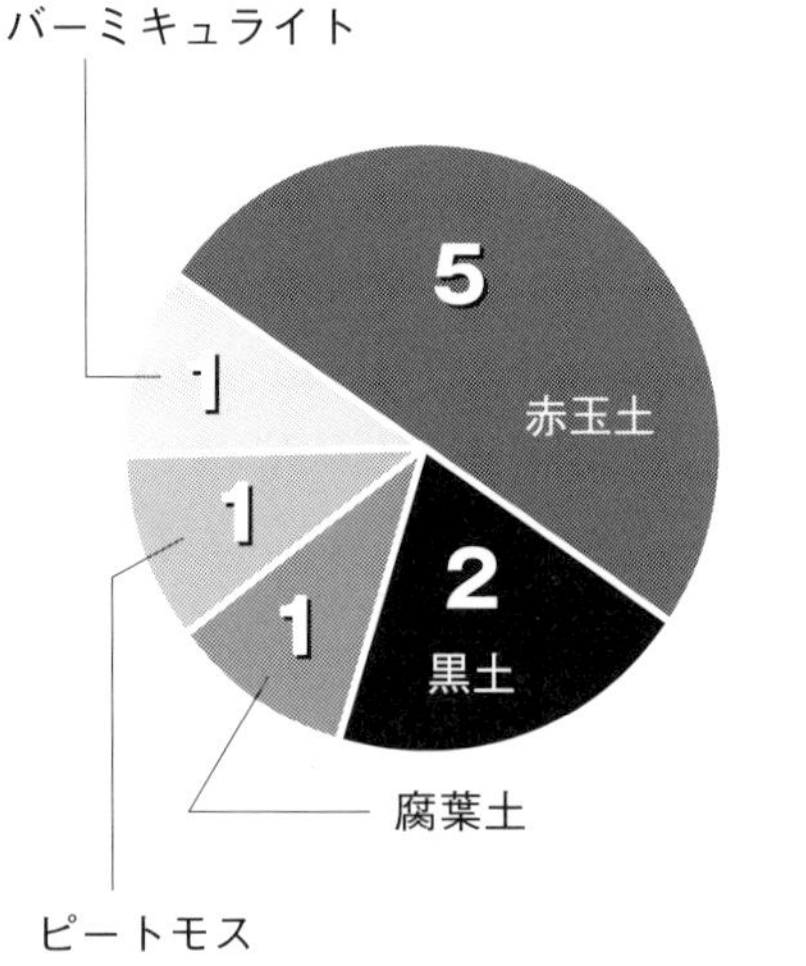

注）①この配合に苦土石灰を加え、pHを調整する
②「緑の'OHANA」（オハナ）をもとに作成

市販されている化成肥料には、それに含まれている成分が、窒素、リン酸、カリの順で数字で示されています。例えば「8－8－8」となっていれば、それぞれが8％ずつ配合されています。元肥にするならば「8－8－8」のような並行型や、リン酸は後から肥料として与えても（追肥）効果が低いため「10－12－10」のような山型のリン酸が多く配合されているものが適しています。

それぞれの用土と肥料をよく混ぜ合わせたら、土づくりは完成です。

●プランターに土を入れる

まずはプランターの底が隠れるように鉢底石を入れ、市販の培養土か自分でブレンドした土を、プランターの縁から1～2㎝のウオータースペースを残して、たっぷりと入れます。土をほぐしながら、ふんわりと入れましょう。

自分でブレンドした土の場合は、肥料が土に馴染み、熟成させるために2～3週間置いてから、種まきや苗の植えつけを行ってください。市販の培養土ならば、すぐに行っても問題ありません。

●ゴーヤーは酸性土壌を嫌う

一般的な植物は弱酸性の土を好みますが、ゴーヤーは中性から弱アルカリ性（pH６・５～７・５）の土を好みます。

土が酸性の場合は、苦土石灰などで中和させるとよいでしょう。苦土石灰を使ったときには、土に馴染むまで２週間程度土をねかせます。

ホームセンターや園芸用品店などには、簡単に土のpHが測定できる「土壌pH計（土壌酸度計）」や「pH試験紙」などが販売されています。３０００円くらいから購入できるもので、これらを土づくりに活用してみるのもよいでしょう。

プランターに用土を入れる

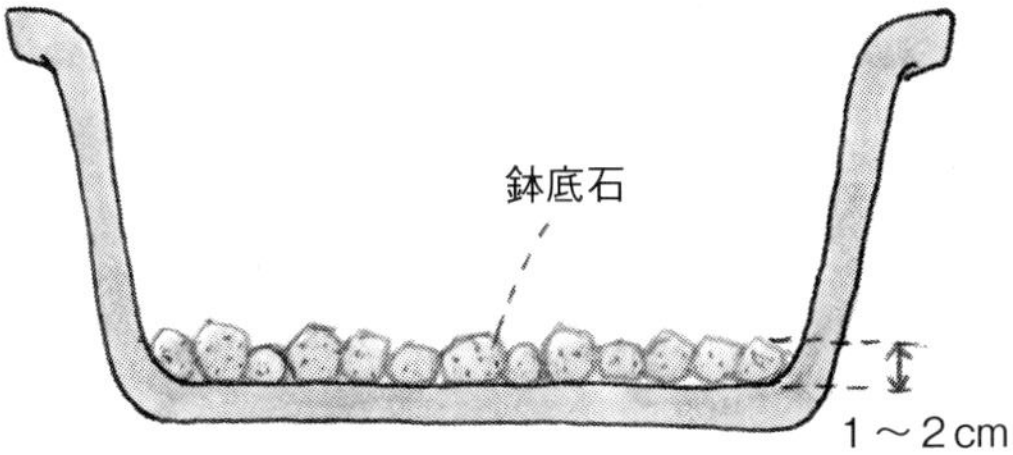

①プランターの底に薄く鉢底石を敷く。水はけをよくし、根腐れを防ぐ

②根も呼吸するので息苦しくならないように、土をほぐしながらふんわり入れる

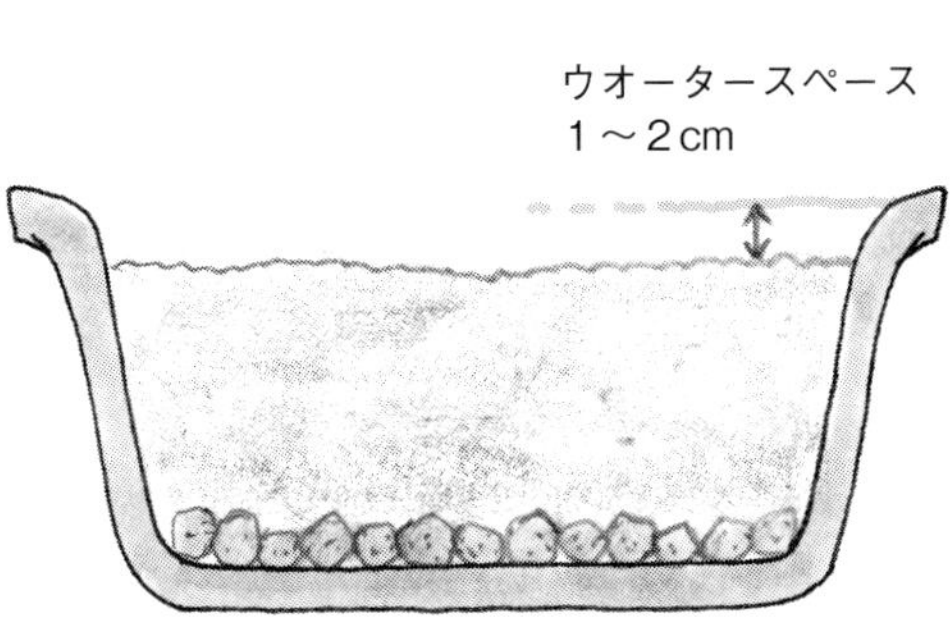

③プランターの8～9割まで用土を入れる

種のまき方と苗の植え方のコツ

生き物を育てる感動の最たるものは、その誕生に立ち会うことでしょう。植物でも、まいた種から芽が出てくると、それは嬉しいものです。

とはいえ、ゴーヤーの種の発芽適温は25～28℃のため、温暖な気候をのぞめない地域では種から育てるのではなく、苗を入手して育てることをおすすめします。

●ゴーヤーの種類いろいろ

ゴーヤーは1年生のウリ科のつる性植物。ニガウリ、ツルレイシとも呼ばれます。原産地は東アジア、熱帯アジア。独特の苦みやコリコリした歯ざわりがあり、ビタミンC、ミネラル、繊維質などを多く含んでいます。

ゴーヤーにはさまざまな種類があります。長果種、短果種、中長果種に大別され、緑色と白色があります。ここでは代表的なものを少し紹介します。

もちろん、どれもおいしく食べられます。

さつま大長れいし　さつま大長《おおなが》れいしは、主に鹿児島方面で栽培されている品種です。実の長さが25～30cmになる大型のゴーヤー。

ゴーヤーの主な種類

種 類	まき時	主産地	特 徴
沖縄中長苦瓜	5月～(直まき)	沖縄県	果長25～30cm
沖縄あばし苦瓜	5月～(直まき)	沖縄県	果長20～25cm
沖縄純白ゴーヤー	5月～(直まき)	沖縄県	純白色、ほろ苦
沖縄願寿ゴーヤー	5月～(直まき)	沖縄県	超大型。ほろ苦
さつま大長苦瓜	5月～(直まき)	鹿児島県	果長30～50cm。苦い
白大長れいし	5月～(直まき)	宮崎県	白に近い淡色。ほろ苦
すずめミニ苦瓜	5月～(直まき)	沖縄県	ミニサイズ(5cm)。激苦

注) ①『いのちの種を未来に』(野口勲著、創森社)をもとに作成
②種類名は主として野口種苗研究所(問い合わせ先はP6参照)による取扱品名、さらに一般名、固有名称などを示す
③各種類は、すべて固定種である

あばしゴーヤー　20cm程度の太くてズングリした実ができます。

純白ゴーヤー　あばしゴーヤーと同じくズングリ系で、白い実ができます。

●種からの育て方

良い種の選定と発芽促進

ゴーヤーの種はとても固くて水がしみ込みにくいので、種をまく前日に水に浸します。ペットボトルなどに入れて、シャカシャカと振ることで種皮に傷をつけ、吸水を助けたりして発芽しやすくします（磨傷法）。

種に水を吸収させる

シャカシャカ振って一晩水に浸す
水に浮く種は発芽しない
吸水させることで発芽しやすくなる

注）「緑の'OHANA」（オハナ）をもとに作成

また、種の尖ったところ（発芽口）を爪切りやペンチなどではさみ、少しカットするのも発芽を促進するのに効果的です。この場合、かならずしも種に吸水させなくてもよいのですが、前日から水に浸す処理をしておけば万全です。

プランターに種をまく

種を2〜3粒ずつ、20cm以上の間隔でまき（60cm級のプランターならば2カ所）、土を1cm程度かぶせ、水をたっぷりと与えましょう。

ゴーヤーの種の発芽適温は、25〜28℃と少し高めです。日のよく当たる場所にプランターを置きます。また、市販のホットキャップ（プランター用の小さなビニールハウスのようなもの）などをかぶせて温度を上げると、発芽しやすくなります。

元気な苗を残して間引く

発芽し、本葉が2〜3枚になったら、元気な苗を残して間引きをしましょう。節間が短く、茎が太い苗のほうが、しっかりと育っている苗です。ヒョロヒョロしている苗を選んで間引きます。
間引きをするとき、引き抜いてしまうと、残した苗の根を傷つけてしまう可能性があるので、間引きをする苗は、根元からハサミなどでカットします。

●苗からの育て方

良い苗を選ぶ

良い苗の見分け方には、いくつかポイントがあります。よく吟味して、できるだけ元気な苗を選びましょう。

節の間の詰まったもの　間引きする苗を選ぶポイントと同じ。節間が伸びてヒョロヒョロしているものではなく、節間の詰まった苗のほうが元気です。

本葉が4~5枚のとき、双葉が残っているもの　植物は、弱ってきたら必要ないものから落としていくため、双葉のない苗は弱っている可能性があります。

ポットの裏に根の回っていないもの　ポットの裏から根がたくさん出ているような苗は、苗が老化している可能性があります。

病虫害におかされていないもの　購入した苗から病気が広がることも多いのです。よく観察して、害虫がついていたり様子がおかしいものは避けます。特に葉の裏側をよく観察しましょう。

緑色が濃すぎないもの　緑色が濃すぎる葉の苗は、窒素過多やマグネシウム不足などの栄養障害を起こしている可能性があります。

苗をプランターに植える

20㎝以上間隔をあけて植え穴を掘り（60㎝級のプランターならば2カ所）、植え穴にあらかじめ水をたっぷりと入れておきます。ポットから外した苗は、根の部分を少し崩してから、土ごと植え穴に入れ、掘ったときにできた周りの土を寄せて押さえます。このとき、フワッとではなく、ギュッと押さえることが大切です。

苗をポットから抜くときは、茎を持って引き抜くのはやめましょう。苗を傷つけてしまいます。ポットごとひっくり返して持ち、苗の根元を支えながら、ポットの底をつまんで抜き上げるようにしてください。

種のまき方（プランターへの直まきの例）

20ℓの標準プランター

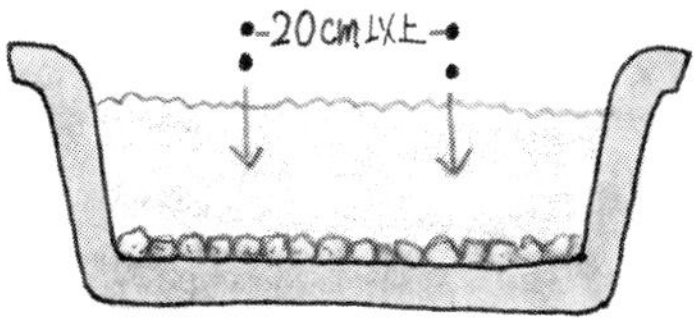

①プランターの土の上に20cm以上の間隔で種を２～３粒ずつまく

②上から１cmほど土をかぶせ、水をたっぷり与える

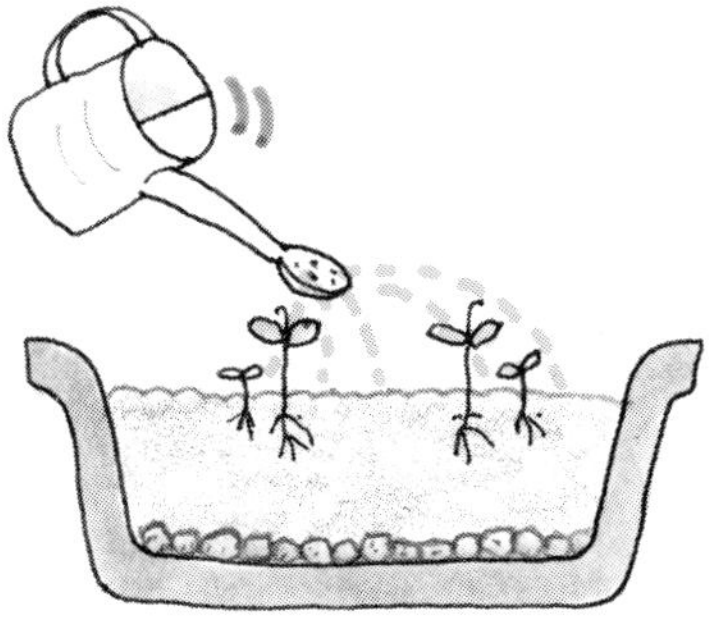

③発芽したら水を１～３日に１回与え、土が湿った状態を保つ

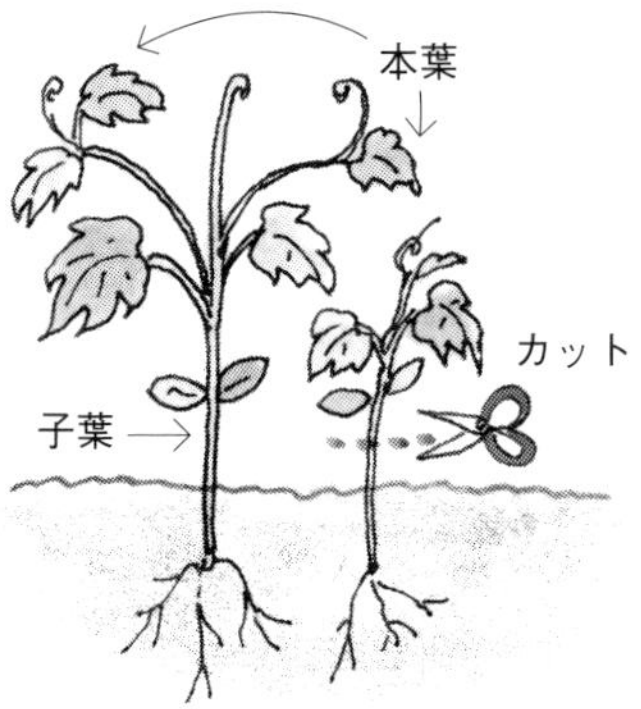

④本葉が２～３枚になったら、元気のないものを間引く

苗の植えつけ方

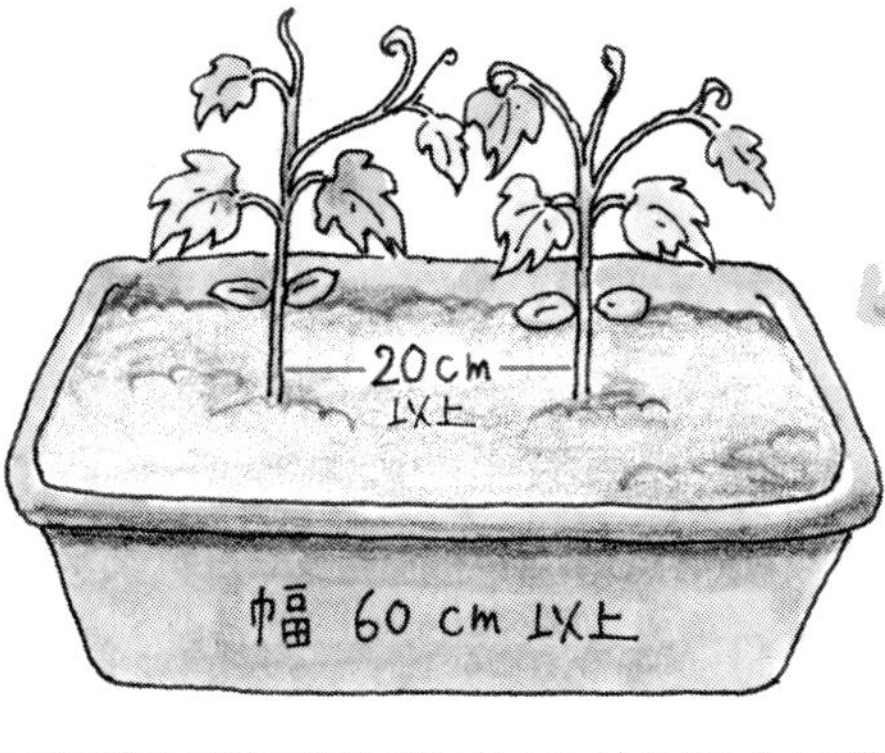

ポットをひっくり返し、苗を土ごと引き抜き、根をほぐしてから植えつける

注）「'OHANA第２号」「緑の'OHANA」（オハナ）などをもとに作成

カーテンの下地となるネットを設置する

●ネット設置の手順

180×180㎝のネットをゴーヤーが覆い、実がなると、かなりの重さになります。また台風などの大風を受けると、その加重はさらに大きくなります。まずは、その加重を支えることができるように、しっかりと設置することが大事です。ネットも、ピンと張りがあるように取り付けましょう。

高い場所の作業は、転倒や落下などの危険があります。しっかりとした足場をつくって、安全に行ってください。

①プランターの位置を決める

緑のカーテンが、ベランダの床や壁を広く覆うように、プランターはなるべく窓から離れた場所に置きます。

ベランダの手すりがガラスや格子状になっていて日光を通すものであれば、床に置きます。手すりがコンクリートなどで日光を通さないものであれば、台などをつくって、日光が当たる高さまで上げる必要があります。

②つっぱり棒を立てる

ネットが苗の外側に来るように、床と軒でしっかりと突っ張るようにつっぱり棒を立てます。本数は、そのつっぱり棒の耐荷重によって変わりますが、なるべく耐荷重に余裕をもたせるようにします。

③つっぱり棒にネットをつける

まず、ネットがずり落ちてこないようにします。横竿受けのジョイントがあるものならば、ジョイントをなるべく上端に位置するようにして、ネットを通した横棒をセットします。フックなどが付いているものならば、ネットが落ちてこないようにしっかりと引っかけましょう。

次に、ネットをつっぱり棒にしっかりと留め付けます。市販の結束バンドなどを使うと便利です。

なお、横棒にネットを留め付けるとき、横棒をネ

ネット設置のタイプいろいろ

移動させることができる

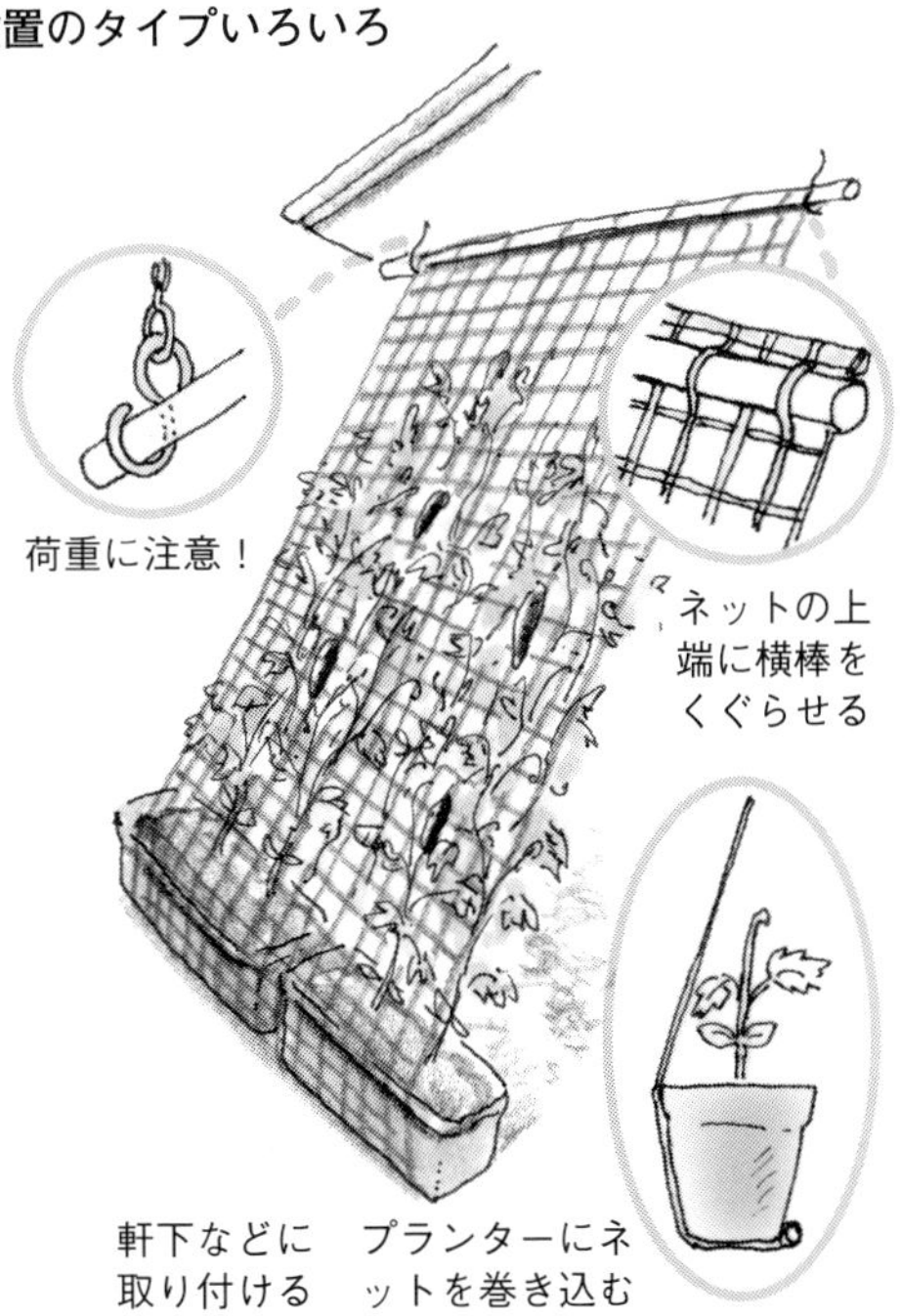
荷重に注意！
ネットの上端に横棒をくぐらせる

軒下などに取り付ける

プランターにネットを巻き込む

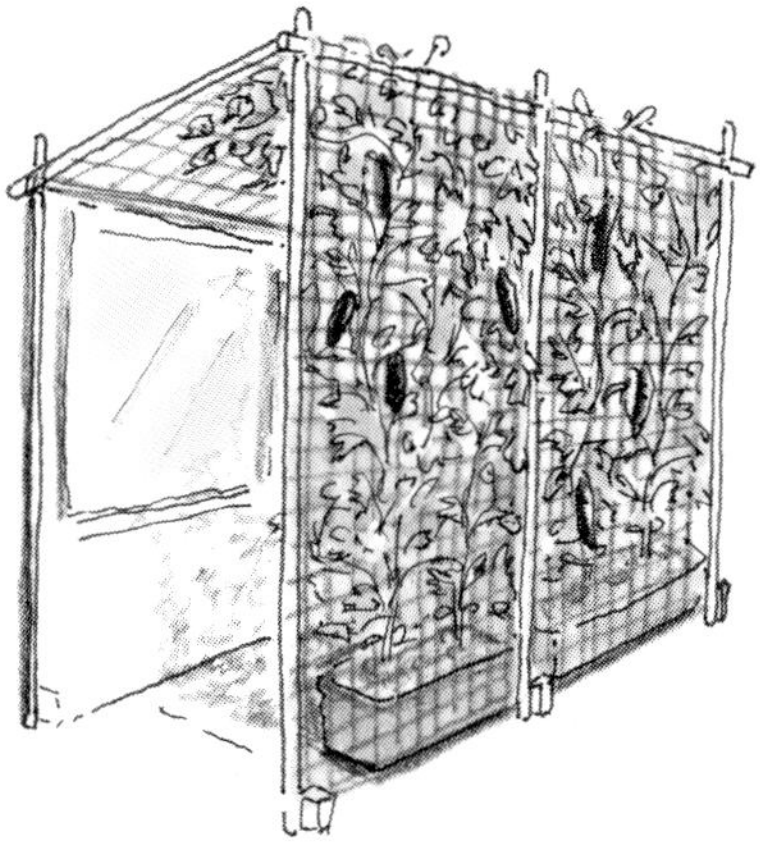

パイプなどで組み立てる

横竿受けのジョイント。荷重に注意

つっぱり棒などで固定

注)「緑の'OHANA」(オハナ)をもとに加工作成

ットの上端の網目に交互にくぐらせるようにするとネットがピンと張るだけでなく、荷重に耐えられるようになります。

●ネット設置のバリエーション

軒に金具が付いている場合

ベランダの軒にあらかじめフックなどの金具が付いていれば、もっと簡単にネットを設置することができます。

100mm角の網

まず、金具にネットの上端の網目を交互にくぐらせた横棒をセットし、ネットの下端の網目にも横棒をくぐらせ、プランターの下に巻き込んでピンと張れば出来上がりです。この方法で設置する場合も、金具などの耐荷重には十分気をつけてください。

可動式の緑のカーテン

どうしても部屋の中に日光を入れたいときがある場合には、キャスター式の台の上に設置する方法もあります。しかし、その場合は縦の棒が固定されていないため、突風などで倒れてしまう可能性が大きくなりますので、注意が必要です。

キャスター付きの木製大型コンテナであれば、安定感や自在性があるので便利です。内部に保水板などが組み込まれている緑のカーテン用特許製品（NPO日本コミュニティーガーデニング協会、P6・35参照）もあり、発注することもできます。また、手づくりコンテナに挑戦してみるのもよいでしょう。

●設置場所の注意事項

ベランダの手すりの少し内側に設置

キャスター付きの木製コンテナ（NPO日本コミュニティーガーデニング協会）

デッキを覆う緑のカーテンの例

ネットをフックに吊る

マンションなどの場合、水やりのときに水が外にこぼれる、または花殻などが下の階に落ちると、洗濯物を汚したりして迷惑がかかります。心持ち内側に設置して、下の階に迷惑がかからないようにしましょう。

排水溝や排水口の確保と掃除

プランターなどで排水溝や排水口を塞いでしまうと、ベランダが水浸しになってしまう可能性があります。水の流れていく経路を、確保しておきます。

また、緑のカーテンを育てているときはどうしても枯れた葉や土が流れ出します。排水溝や排水口の確保とともに、こまめな掃除を心掛けます。排水口にネットをかぶせておくのもよいでしょう。

避難経路の確保

ベランダは緊急時の共用部分でもあります。非常事態のことを考え、隣の住戸《じゅうこ》との間にある非常用隔板、避難用ハッチなどを塞いでしまうような設置の仕方はさけるようにします。

成長初期に誘引・摘心をする

●誘引は負担をかけないように

誘引とは、育てている植物を伸びてほしい方向に導いていくことをいいます。緑のカーテンの場合は、ネットにうまくからまって広がっていくように導く必要があります。

まずはネットをくぐらせる

つっぱり棒でネットを張った場合、ネットはゴーヤーよりも外側に、垂直に張られていることになります。ゴーヤーの根を傷つけないように株元から斜めに支柱を立てて、親づるの先が、日光がよく当たるネットの外側に出るように、導いてあげましょう。つるの上端がネットに届く状態であれば不要です。

小づるや孫づるをネットに導く

ある程度成長して、子づるや孫づるが出てくるようになったら、ネット全体に広がっていくように、うまく導きましょう。

初期の誘引のときは8の字結び

支柱やネットに誘引するときに使うひもは、何を使ってもかまいません。ただし、茎やつるを傷めないように結び、おおまかに方向を決めていくことが大切です。

まず、ゴーヤーの茎やつるを囲むように環をつくり、しっかりと固く結びます。この環は十分余裕を持った大きさにしてください。その後、支柱やネットに結び付けます。そうすると、ひもが8の字の形になっているはずです。

●摘心のタイミングと方法

ゴーヤーの親づるがネットの上端まできたら、親づるの先を2～3㎝カットしましょう。この作業を摘心といいます。そうすることで、脇に出ている子づるや孫づるが元気に育ち、やがてネットを覆うまでに育ちます。同様に、ネットの両脇にきたつるも、切ってしまってかまいません。
　家庭菜園などでゴーヤーをつくる場合、摘心は本葉が4～5枚になったときに行います。これは、早めに子づるや孫づるを育てて、実を多くとるためです。同じ摘心ですが、緑のカーテンでは葉を早く茂らせることをめざすので、その方法が異なります。もちろん、緑のカーテンの完成する時期が遅れますが、本葉4～5枚のときに摘心しても問題はありません。

誘引する

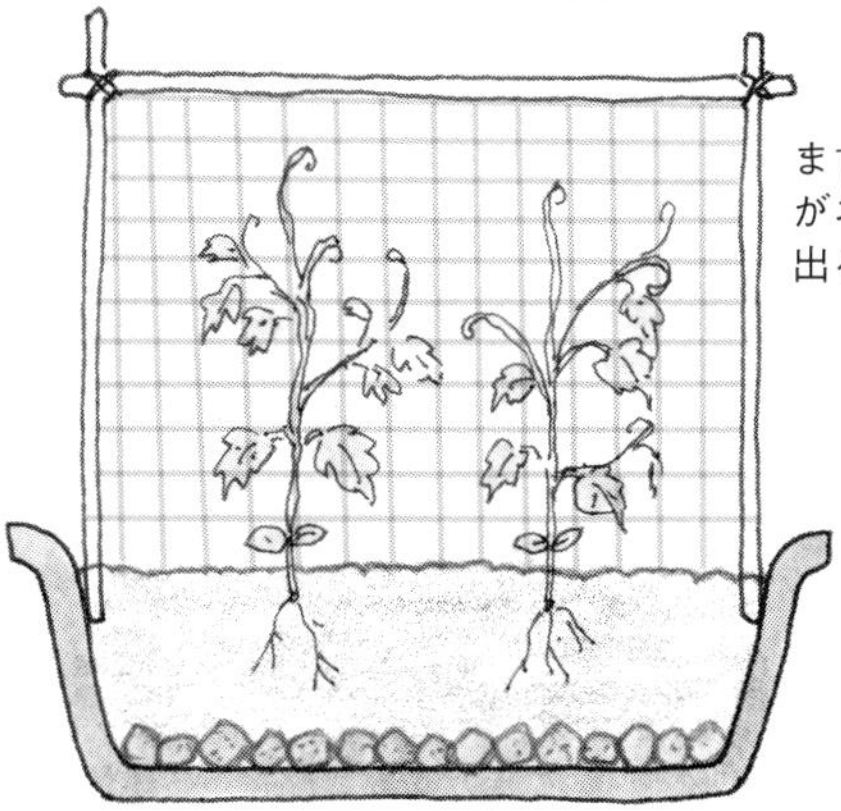
まずは親づるの先がネットの外側に出るように導く

摘心を行う

孫づる（子づるから伸びている）
子づる（親づるから伸びている）
親づるの先を切ることで子づる、孫づるがぐんぐん伸びる

注）「緑の'OHANA」（オハナ）をもとに作成

水やりのタイミングとポイント

育てるということに関しては、動物も植物も同じ。しっかりと手をかけると、だんだん可愛くなってくるし、相手もその分だけ応じてくれます。できるだけ毎日、しっかりと観察し、ゴーヤーが出しているサインを見つけてあげましょう。

●水やりのコツ

水やりは生育段階にあわせて

水やりは、ゴーヤーを元気に育てるだけでなく、その水が蒸散を呼び、緑のカーテンとしての効果を高めてくれることにもつながります。1日1回、朝か夕方に、プランターの下から水がしみ出してくるくらいに、たっぷりと与えてください。

とはいえ、苗が小さいときに水をやりすぎている人が多いのも事実です。あげたい気持ちはわかりま

ゴーヤーの成長と水やり

〈4～6月〉
水の与えすぎに注意

〈7月〉
1日1回、たっぷりの水を与える

〈8～9月〉
1日2回、水を与える必要が生じることもある

長期不在のさいの水やり対策

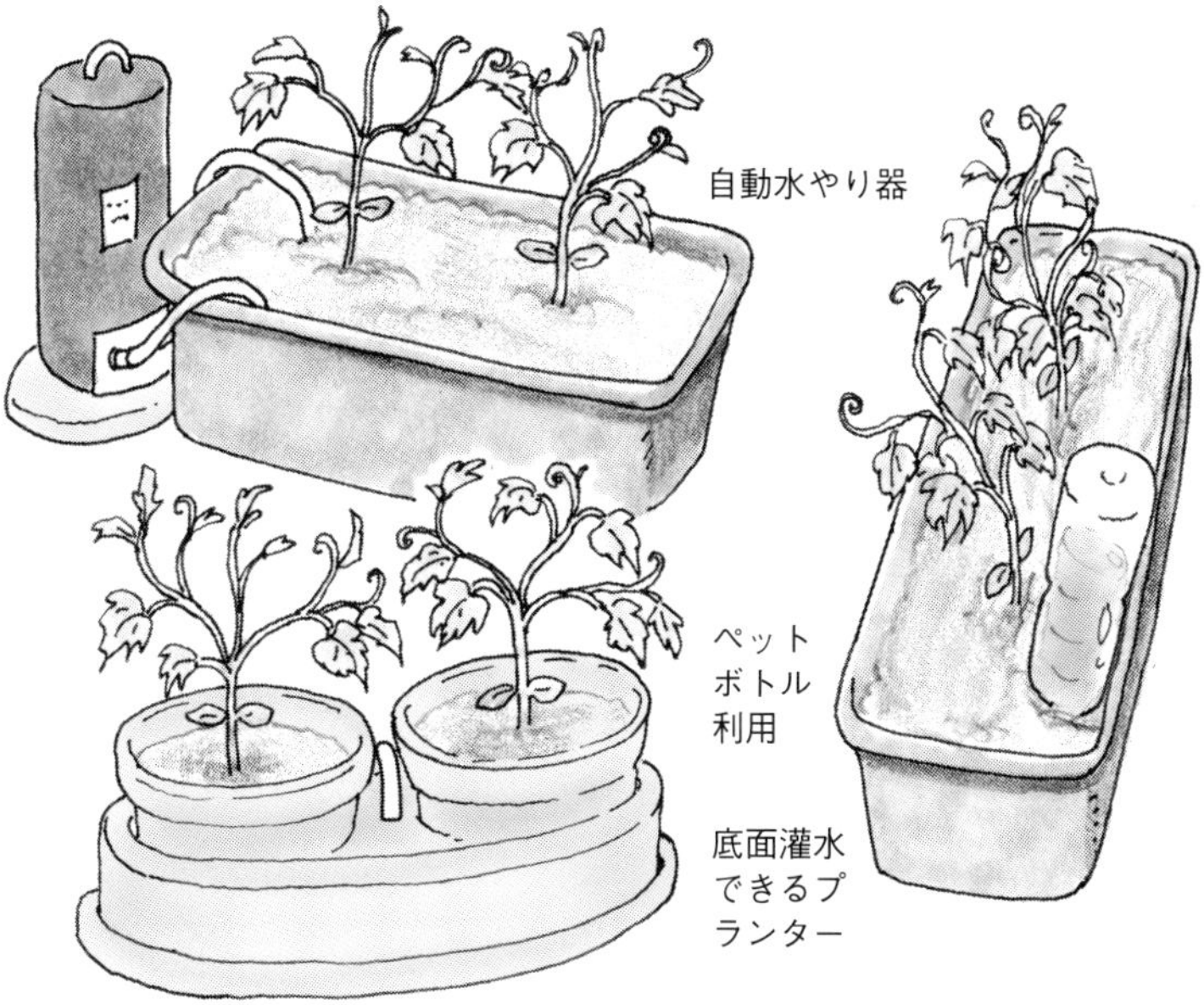

すが、水をやりすぎると根腐れなどを起こしたり、土の表面にカビが生えたりして、元気がなくなってしまいます。
　水やりを行う目安としては、プランターに割り箸などを突き刺して、引き抜いてみてください。そのときに、土がたくさん付いてくるようなら、水のやりすぎです。少し水やりを控えましょう。逆に、土がポロポロ落ちるようならば、水やりが必要です。

長期に出かけるときには

ゴーヤーは、特に水を多く必要とする野菜です。夏の暑い盛りに水を切らし、放置したままでいると、1日で枯れてしまうことがあります。長期に出かけなければならないときには、自動水やり器を使ってみるのもよいでしょう。ペットボトルの口に取り付けて差し込むことで水やりが行える「給水キャップ」などが市販されています。
　とはいえ、毎日の水やりを自動水やり器に任せっきりにするのは禁物。やはり日々観察しながら水をやるのが一番です。

病虫害対策を安全に万全に

●安心・安全の病虫害対策

暮らしに密着したものであり、実がなったらそれを食べるのも楽しみな緑のカーテン。丈夫に育ったゴーヤーは虫の被害や病気にかかることは少ないですが、病気や害虫発生の兆しを見つけたら、即座に取り除くことが一番です。

病気になりやすい状態を防ぐ

葉が込みあいすぎていると、そこが蒸れた状態になり、カビや虫が発生しやすくなります。古い葉を早めに取り除き、風の通りを良くしましょう。

水をやったり雨が降ったりしたときに、土が跳ね返って葉の裏に付いてしまうと、そこから病気になりやすくなります。また、土の跳ね返りを防ぐために、土を何かで覆ってしまう方法（マルチング）もあります。おすすめなのは籾がら燻炭。これで土を覆うと、土が跳ね返らないようになるだけでなく、土の保温、カリ分の補給、そして雑草の抑制にも効果があります。

虫対策には自然素材を原料にしたものを

農薬ではない防虫用の資材として、植物保護液が市販されています。インドセンダンという木の成分を抽出したニームオイル、炭をつくるときにできる木酢液・竹酢液などは自然素材を原料にしており、安心です。これらを商品の用法に従って使用するのがよいでしょう。

知っておくとよい病気・害虫

うどん粉病　症状：葉や茎にカビが発生し、白い粉をまぶしたようになります。対策：被害を受けた部分を取り除き、風通しを良くし、窒素肥料を控えめにしましょう。

アザミウマ（スリップス）　症状：葉の裏を食べるため、食害を受けた部分はかすれたようになります。対策：被害を受けた部分を取り除き、プランターの雑草などを抜いて予防します。

アブラムシ　症状：葉や茎などに群生し、汁を吸い、葉が分泌物でベトベトします。対策：ニームオイルやデンプンからできたスプレーを散布します。

オンシツコナジラミ　症状：白い小さな羽虫が葉や茎などに群生し、汁を吸います。手ではたくとフワリと舞い落ちます。対策：オンシツコナジラミ専用のＩＴシート（ハエ取り紙のような粘着シート）を用いると、吸い寄せられるように付着します。

うどん粉病（カボチャの葉の被害）

アブラムシ（ブロッコリーに群生）

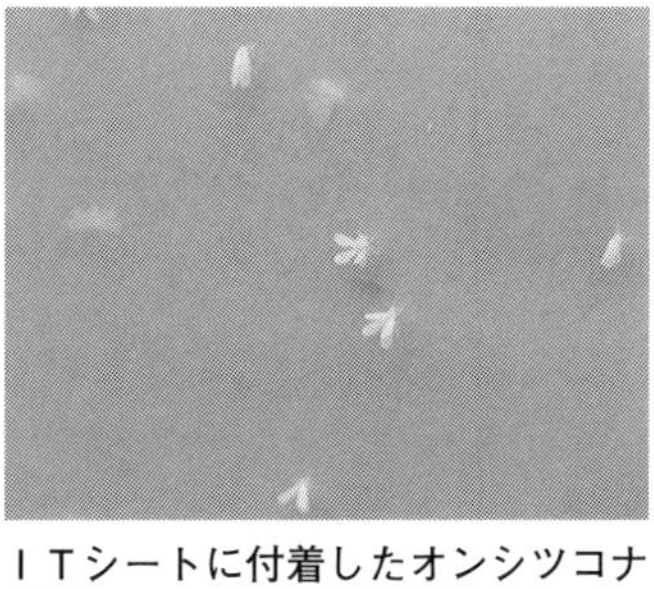
ＩＴシートに付着したオンシツコナジラミ

ハダニ　症状：葉の裏などに群生し、汁を吸います。葉が黄色くなり、弱ります。対策：弱った葉を取り除きます。また、水をかけて洗い流します。

自然素材の木酢液

植物保護液

追肥をするのは実がつきはじめてから

●タイミングは1番果ができる時期

成長時に必要な栄養分は、土づくりのときに混ぜ込んだ元肥で十分です。

しかし、花を咲かせ、実をならす時期となると、新たに多くの養分が必要となります。そのために、花が咲き、実がなりはじめるタイミングで、あらためて肥料を施します。これを追肥といいます。

固形肥料の場合は、株元から離れたプランターの隅に浅い溝を掘って肥料をまき再び埋め戻すなどして追肥をします。最初の追肥から1カ月に1回程度、追肥を行ってください。

液体肥料の場合は、即効性はありますが効果が持続しないため、1週間に1回追肥を行ってください。使用するさいは、かならず500倍以上に薄めます。濃い肥料を与えると、根などにダメージを受けます。早急に養分を与えたい場合は、液体肥料を葉にもスプレーして施すと、より効きめが早くなります。

NPKの三要素が含まれている市販の固形肥料

●ゴーヤーの栄養障害

この時期のゴーヤーによく見られる症状に、葉の葉脈だけが緑色で、それ以外が黄色くなってしまうことがあります。そのまま放っておくと枯れ上がってしまいます。

このような場合は、マグネシウム不足が深刻化し

追肥を施す

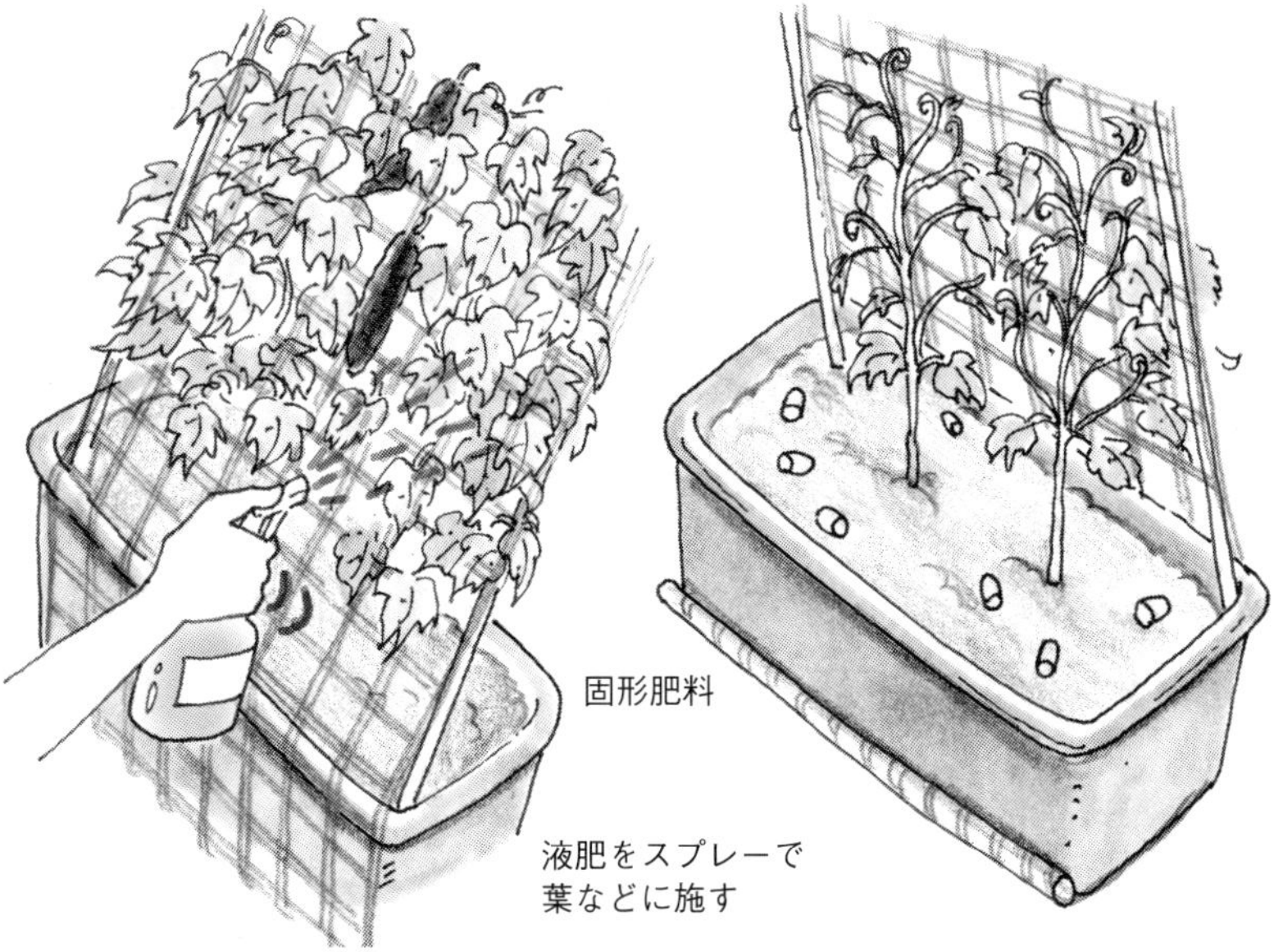

ています。そうなると植物は、光合成の働きが弱り、十分なエネルギーを得ることができなくなります。マグネシウムの入った液体肥料を葉面に散布してみましょう。

また、葉全体が下葉から黄色くなってくることがあります。このような場合は、窒素不足が考えられます。窒素を多く含んだ液体肥料を葉面に散布してみましょう。

●土の状態を見て中耕を

植えつけのときにはふんわり入れたはずの土が、この時期になってくると、かなり硬くなってきているはず。そんなときには、移植ごてやスプーンなどで土の表面を軽く耕し、土をほぐしてあげましょう。この作業を中耕といいます。

しっかりと花を咲かせ、実をつけるためには、新たな栄養だけでなく、根には新鮮な空気も必要なのです。

開花・結実・収穫と利用法

夏の盛りには、緑のカーテンも生い茂り、きっとその効果を体感されていることでしょう。そしてもうひとつ、ゴーヤーの緑のカーテンづくりに欠かせない楽しみ、収穫が待っています。自分でつくったゴーヤーのおいしさは格別です。

●ゴーヤーには雄花と雌花がある

よく私たちに寄せられる質問のひとつに、「ゴーヤーの花は咲いたけれど、実がならない」というものがあります。

じつはゴーヤーには雄花と雌花があり、雄花には当然、実はなりません。雄花の花粉を雌花が受粉して、はじめて実がなるのです。通常は、雄花のほうが先に咲きはじめ、雌花は後から咲きます。また、雄花のほうが多く咲くことが多いようです。

ゴーヤーの雌花。花のつけ根が膨らみ、太って果実となる（雄花は表紙カバー表4袖の写真参照）

普通はチョウやミツバチなどが受粉を行ってくれますが、周囲に虫がいない、または虫が来られないほど高層階のために、受粉ができていないことも考えられます。確実に実をつけてもらうためには、雄花を取り、雌花に押しつけて受粉させるとよいでしょう。雌花の雌しべに花粉がつけば受粉完了です。

●7月下旬から9月上旬まで収穫可能

ゴーヤーの実は、花が咲いてから2~3週間で収穫できるようになります。7月下旬から9月上旬くらいまで収穫できるはずです。

収穫したばかりのゴーヤー

これまでの経験では、最初になった実は、あまり大きくなりません。早めに収穫して食べてしまったほうがよいでしょう。また、高いところにある実を収穫するときは、安全に注意しましょう。

収穫は、緑色をした未熟なうちに行いますが、翌年に育てるための種を採りたいのならば、種採り用の実（この場合の種は固定種。Ｐ72～参照）を収穫せずに残し、完熟させましょう。ゴーヤーの実は完熟するとオレンジ色になり、やがて自然に割れて、中から赤いゼリー状のものに覆われた種が出てきます。このゼリー状のものを洗い落とし、陰干しをして種を保存しておきましょう。

●簡単ゴーヤーレシピ

ゴーヤーはビタミンCが豊富で、しかもそれが加熱してもほとんど壊れないという特徴があります。また、独特の苦みの成分であるモモルデシンには、血糖値や血圧を下げる作用や抗酸化作用があるといわれています。ゴーヤーは、夏バテ防止にはピッタリの夏野菜なのです。

ここでは、ゴーヤーの簡単なレシピをいくつか紹介しましょう。新鮮なゴーヤーはそれほど苦みがありませんが、苦みが気になる場合は水にさらす、塩でもむ、軽く湯通しするなどを行えばやわらぎます。

◆ゴーヤーチャンプルー（2人分）

ゴーヤーの故郷、沖縄の家庭料理です。ゴーヤーの普及とともに、最近ではすっかり一般的になりました。本場ではスパム（塩漬けポーク缶）でつくりますが、なければ豚肉やツナ缶などで代用してもおいしくできます。

材料　ゴーヤー…½本　スパム（塩漬けポーク缶）…170g　木綿豆腐…½丁　卵…2個　ごま油…小さじ½　塩・コショウ…適量

①ゴーヤーは縦半分に切ってわたと種を抜き、5㎜程度の薄切りにします。スパムは一口大の薄切りに。木綿豆腐はしっかりと水をきり、一口大の大きさに切ります。

②フライパンにごま油を熱して木綿豆腐を炒め、少し焦げ目がついたらいったん取り出します。

③次にゴーヤーを炒め、ゴーヤーに火が通ったらスパムを加えてさらに炒め、先に炒めた木綿豆腐を加えます。

④塩・コショウで味を調えてから割りほぐした卵を加えて大きく混ぜ、卵に火が通ったら出来上がり。

◆ゴーヤーサラダ（2人分）

ゴーヤーの魅力のひとつは、生に近い状態のシャリシャリとした食感。サラダにして、この食感を楽しみましょう。

材料　ゴーヤー…½本　タマネギ…¼個　カニ風味かまぼこ…100g　マヨネーズ…小さじ2　粗挽きコショウ…適量　塩…小さじ2

①ゴーヤーは縦半分に切ってわたと種を抜き、5㎜程度の薄切りにします。タマネギも同様に薄切りにして、どちらにも小さじ1程度の塩を振り、もみ込みます。

②鍋に湯を沸かし、ゴーヤーを30秒から1分程度ゆでます。

③ゆでたゴーヤーを冷水に取り、熱が取れたら水けを絞ります。塩をしたタマネギも同じように水け

を絞ります。

④水けを絞ったゴーヤーとタマネギ、カニ風味かまぼこ、マヨネーズ、粗挽きコショウを混ぜ合わせて出来上がり。

◆**ゴーヤージュース**（2人分）

栄養満点で、二日酔いにも効くのだとか。ゴーヤーの苦みに慣れた人ならば、ゴーヤーだけでもOK。苦みがちょっと苦手な人は、レモン汁とハチミツを加えると飲みやすくなります。好みでリンゴやバナナなどの果物や牛乳などを合わせるのもよいでしょう。

材料　ゴーヤー…1本　レモン汁…小1個分　ハチミツ…大さじ1～2　氷片…適量

①ゴーヤーは縦半分に切ってわたと種を抜き、4㎝程度の厚さに切ります。

②ミキサーに材料を入れて回せば出来上がり。

◆**乾燥ゴーヤー**

緑のカーテンでは、思った以上にゴーヤーが採れるはず。食べきれないものは、乾燥させて保存しておくのもよいでしょう。しっかり乾燥させれば半年程度保存することができ、水で戻せば炒め物や煮物に使えます。

①ゴーヤーは縦半分に切ってわたと種を抜き、5㎜程度の薄切りにします。

②ザルなどに広げて陰干しします。

③乾燥したら、密封できるポリ袋などに入れて保存します。

後片づけの基本と用土などの確保

●10月に入ったら撤去

夏の暑さがやわらいでくるころ、ゴーヤーの実も、打ち止めになり、だんだんと枯れはじめます。

緑のカーテンを枯れっぱなしで放っておくと、見た目によくないだけでなく、寒い時期の貴重な直射日光をさえぎってしまいます。また、枯れ葉などがどんどん落ちていくため、周囲にも迷惑がかかります。10月に入ったころには緑のカーテンを撤去します。

ネットにからんだつるを外して根も抜き取ります。ネットはたたんでおき、つっぱり棒なども片づけておきましょう。

●土を再利用するために

1年間使ってきた土は、ゴーヤーに養分をすっかり吸い取られており、このままでは翌年には使うことができません。

しかしその土は、ちょっとした処理を行い、半年くらい休ませてあげることで、また、翌年も植物を植えることができます。

なお、ゴーヤーは連作を嫌うので再生した土はウリ科以外の作物の栽培に用います。

①土を5～7㎜のふるいにかけ、根などを取り除きます。

②ふるいを通った土を黒いビニール袋に入れ、上下を入れ替えたりしながら約1カ月ほど日光消毒をします。

③日光消毒した土の25％程度を目安に、腐葉土を加えてよく混ぜ、1週間程度置きます。

④苦土石灰をその土の表面が白くなる程度にまき、よく混ぜます。

⑤ビニール袋に入れたりして、来年使用するまで休ませます。

◆緑のカーテンに使える植物一覧

第3章ではゴーヤーを例にして緑のカーテンづくりを紹介してきましたが、ほかにも緑のカーテンに向く植物があります。基本的にはすべて、ネットにからまって広がっていくことができる、つた植物です。ここでは、それらを簡単に紹介しましょう。

●単体で緑のカーテンになるもの（メイン種）

＊ヘチマ

科名：ウリ科　1年草
高さ：5～10m
種まき・植えつけ：5月（20cmピッチ）
緑のカーテン時期：6～10月
特徴：葉は大きく、背も高く育つため、数階分の高い緑のカーテンをつくるのに最適。雄花と雌花があり、8月になると果実の収穫ができます。沖縄では若い実を食べます（ナーベラー）。ヒョウタンとは阻害関係にあるため、同じ緑のカーテンをつくるのは不可。

＊アサガオ

科名：ヒルガオ科　1年草または宿根草
高さ：4～5m
種まき・植えつけ：5～6月（15cmピッチ）
緑のカーテン時期：6～10月
特徴：ゴーヤーなどに比べて葉は小さいが、十分緑のカーテンになります。

＊パッションフルーツ

科名：トケイソウ科　多年草
高さ：2m
植えつけ：4月中旬～9月中旬
緑のカーテン時期：6～10月
特徴：名前は雌しべの形を十字架にかけられたキリストの受難の姿（パッション）に見立てたことに由来するとのこと。年に1回、切り戻しを行います。

＊ブドウ

科名：ブドウ科　落葉樹
高さ：1～2m
植えつけ（秋植え、春植え）：12～3月
緑のカーテン時期：6～10月
特徴：一般家庭の庭先などで栽培されている品種はネオマスカット、甲州、デラウェア、キャンベルアーリーなどです。緑のカーテンとして仕立てやすいつる性果樹です。

●メイン種と一緒に育てると楽しめるもの（サブ種）

＊キュウリ

科名：ウリ科
高さ：2m
種まき・植えつけ：4～5月（20cmピッチ）
緑のカーテン時期：6～8月
特徴：下のほうから葉が枯れ上がってくるので、キュウリだけで緑のカーテンをつくるのには向きません。ほかのものと混植で。6月になると収穫できます。うどん粉病になりやすいが、カボチャに接ぎ木した苗は丈夫。

支柱を立て、ネットを張って植栽したキュウリ

＊インゲン

科名：マメ科　1年草
高さ：2m
種まき・植えつけ：5月（10cmピッチ）
緑のカーテン時期：6～7月
特徴：暑い盛りの8月はじめには枯れてしまうので、インゲンだけで緑のカーテンをつくるのには向きません。ほかのものと混植で。7月になると収穫できます。完熟のみを利用する場合はインゲン、未熟のさやを利用する場合はサヤインゲンと呼びます。つるなしの種類もあるので注意。

＊ジャスミン

科名：モクセイ科
高さ：1～2・3m
種まき・植えつけ：4～5月
緑のカーテン時期：7～9月
特徴：ジャスミンはモクセイ科ソケイ属の植物の総称。花は良い香りがし、乾燥・保存のさいは開花した花を摘み、陰干しします。ポプリやハーブティーに利用することができます。

第4章

緑のカーテンのステップアップ術

緑のカーテンづくりを始めると、翌年には、さらにステップアップした緑のカーテンを目指したくなります。自分なりに工夫したくなるところが、いろいろ見つかるからです。緑のカーテンをステップアップするための工夫を紹介してみましょう。

バルコニーに棚やアーチなどを設置

さらに涼しく暮らす工夫いろいろ

緑のカーテンをつくっている人たちに共通しているのは、暮らしの環境に対してとても能動的になっていくことです。どうやったら涼しく暮らせるのかを探求することが楽しみになるのです。ここでは、そんな人たちが行っているひと工夫を紹介します。

●熱源ハンターになる

緑のカーテンをつくっている人たちが暮らしの環境に能動的になる理由のひとつに、放射熱に対してとても敏感になることがあります。その場所がどうして暑いのかが気になり、熱を発しているものが目についてしまい、その熱をいかにカットするのかを考えるようになるのです。

また、緑のカーテンを設置する位置やつくり方にも繊細になります。「この隙間から入ってくる熱が気になる」といったふうに感じ、それに対処するために緑のカーテンをつくるようになるのです。

そんな熱源ハンターの強力な武器となるのが、放射温度計。物体に触れることなく、離れた場所から安全に表面温度を即座に測定できるすぐれもので

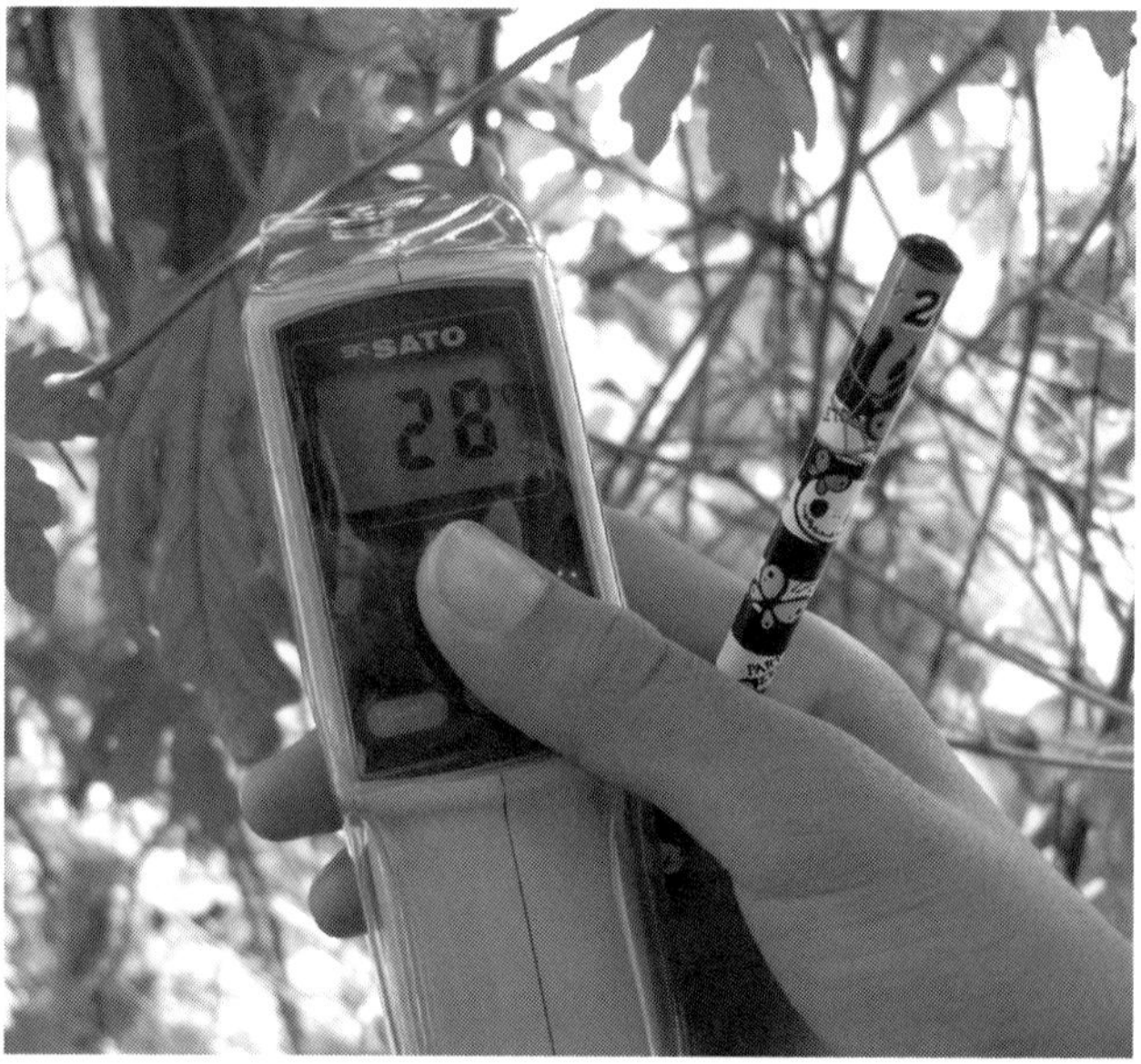

放射温度計は、離れた距離でも計測可能

緑を配置する(例)

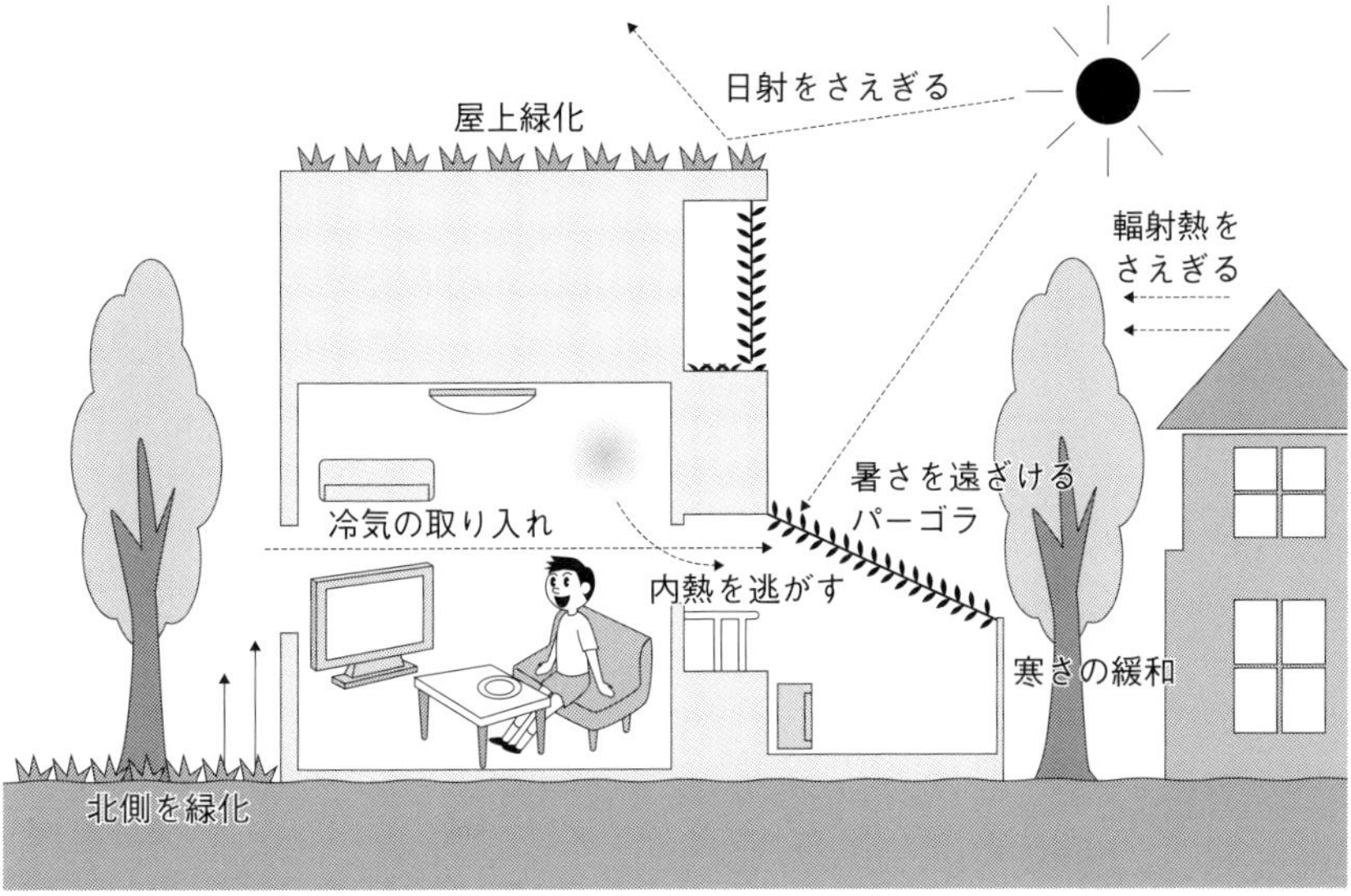

出典)『エコミックスデザイン教本』(リブラン)

す。気温は測ることができませんが、液体の温度は測れますし、500℃くらいまで測ることができますから、じつは揚げ物をするときの油の温度を測るのにも便利です。安いものだと5000円くらいで購入できます。

●ベランダの床を保水性のものに替える

緑のカーテンの役割は、第2章で紹介したように、カーテンの外からの放射熱をさえぎり、内部での放射を抑えることですが、ベランダの床自体を蓄熱しにくいものにすれば、その効果はさらに上がります。

そこでおすすめなのが、ベランダの床に透水性・保水性を持ったタイルなどを敷くこと。雨が降ったり散水したりすると水がしみ込み、その水が少しずつ蒸発していくときに熱が奪われるため、床からの放射が抑えられるだけでなく、周囲の気温も下がるのです。

透水性・保水性を持つタイルは、家庭用のものが市販されています。

通気性、吸湿性のある天然和紙畳

調湿性のある無垢材のフローリング

ベランダやテラスには透水性、保水性のあるタイルを敷く

●調湿性を持つ壁、床に替える

体感温度の要因である気温、放射熱、湿度、風のうち、緑のカーテンで唯一改善できないものが湿度です。そこで部屋の中に、湿度が高いときには水分を吸収し、湿度が低いときには水分を放出する、調湿性のあるものを取り入れてみるとよいでしょう。

床であれば、例えば天然素材による畳は、6畳あたり3リットルもの水分を吸収し、部屋が乾燥してくると放湿する作用があるといわれています。また、無垢《むく》材のフローリングも調湿性を備えています。

壁も、珪藻土《けいそうど》の壁は優れた調湿性を持っていますし、壁塗りまでしなくても、調湿性を備える珪藻土や炭を原料にしたクロスも市販されています。

●樹木などの植栽によって冷気をつくる

樹木を植栽することによって日差しをさえぎるだけでなく、涼風を生み出す効果があるといわれています。日向側の枝葉の周辺の気温は熱せられて上昇気流が起こり、気圧が低くなります。

緑の中庭。冷気だまりをつくり、快適な外環境を整える

敷地内の北側を緑化。涼しい空間をつくる

南側を緑化。地面への日差しをさえぎる

マンションの階段部分などをアイビーなどのつるが覆い、日差しをさえぎっている

逆に日陰側の気温は低く、下降気流が起こり、気圧が高くなります。風は気温差や気圧差で吹くため、日陰側から日向側に向かって風が吹くことになるのです。建物の北側に樹木を植えて風をつくり出し、北側からの涼しい風を住居に導くことができます。緑の力を生かし、熱環境を上手にコントロールしていきたいものです。

※Ｐ68～69の写真は、㈱リブラン（Ｐ６参照）提供のマンション「エコヴィレッジシリーズ」などの一部です

コンパニオンプランツでさらに楽しく

●コンパニオンプランツを一緒に育てる

第3章では、ゴーヤーによる緑のカーテンのつくり方とともに、緑のカーテンになる種類をいくつか紹介しました。これらをミックスした緑のカーテンをつくると、また違った楽しさが生まれます。例えばゴーヤーとアサガオを一緒にした緑のカーテンをつくれば、実も花も楽しむことができます。

また、プランターの空いたスペースに別の花や野菜を植えてみてもよいでしょう。そのときにおすすめなのが、コンパニオンプランツです。

コンパニオンプランツとは、一緒に植えると病気や害虫を防いだり、お互いの生育を助けたり促したりする効果のある植物のことをいいます。できれば無農薬で育てたい緑のカーテンづくりには、まさにうってつけです。

とはいえ、コンパニオンプランツの中でも相性の悪い組み合わせもありますので、園芸店などに相談して選んでみてください。

なお、ゴーヤーはネギ、ナスタチウムなどと相性がよいことがわかっています。

●コンパニオンプランツいろいろ

ここでは、わりと万能なコンパニオンプランツを紹介しておきましょう。

ネギ類　互いの成長を促進し、根腐れ病などの病気の発生を防ぎます。

ニラ（チャイブ・シブレット）　互いの成長を促進し、アブラムシの発生を防ぎます。

コリアンダー（シャンツァイ）　セリ科のハーブ。アブラムシやコナガの発生を防ぎます。

ナスタチウム　ノウゼンハレン科のハーブ。葉だけではなく、花も食べられます（エディブルフラワー）。アブラムシやコナジラミの発生を防ぎます。

コンパニオンプランツの効果例

	野菜やハーブ	相性がよい野菜	効果
ナス科	ナス	マメ科	相性がよいといわれている
	トマト	ピーマン、キュウリ、ニンジン、パセリ、アスパラガス	相性がよいといわれている
	ピーマン、トウガラシ	ナス	香りがアブラムシに嫌われる
ウリ科	キュウリ（地這い）	トウモロコシ、ヒマワリ	真夏の強い光を避けられる
		インゲン、枝豆	根の深さが違うので共存できる
	カボチャ	トウモロコシ	相性がよいといわれている
アブラナ科	大根、カブ、コマツナなど	マメ類（エンドウ、インゲンなど）	相性がよいといわれている
キク科	マリーゴールド	ナス、トマト、キュウリ、大根、ジャガイモ	センチュウを駆除
		ナス、大根	香りがアブラムシに嫌われる
	レタス	大根、ニンジン、タマネギ、イチゴ	相性がよいといわれている
シソ科	ミント類	多くの野菜	カメムシ、アリなど多くの害虫を追い払う
	バジル	トマト	生育と味をよくする
	セージ	トマト	生育と味をよくする
	チャービル	大根	香りがアブラムシに嫌われる
セリ科	ニンジン	マメ類（エンドウ、インゲンなど）	相性がよいといわれている
		トマト、ネギ、タマネギ、トウモロコシ	共存できる
	セロリ	ネギ、ニラ、マメ類（エンドウ、インゲン、枝豆など）	香りがアブラムシに嫌われる
	パセリ	トマト、バラ	よい影響を与えるといわれている
	アニス	コリアンダー	発芽や生育がよくなる
ユリ科	ネギ	ナス科、ウリ科	相性がよいといわれている
		ユウガオ	連作障害を防ぐ
	タマネギ	ニンジン、キャベツ、フダンソウ	相性がよいといわれている
	ニラ	トマト、ナス、ピーマン	病気を防ぐ
	アスパラガス	トマト	雑草を抑える
マメ科	エンドウ、インゲン	キュウリ、ニンジン、ジャガイモ、キャベツ、セロリ、イチゴ	相性がよい
	ソラマメ	ホウレンソウ	相性がよいといわれている
		トウモロコシ	成長を促進する
	ツルなしインゲン	トウモロコシ	窒素固定作用が生育をよくする
その他	トウモロコシ	インゲン	真夏の強い光を避けられる
	アサガオ	多くの野菜	相性がよいといわれている

注）『アレロパシー』（藤井義晴著、農文協）、『無農薬サラダガーデン』（和田直久著、コモンズ）をもとに作成

種を採る場合には固定種の種がおすすめ

●種採りをするならば固定種で

第3章でも少し紹介しましたが、今年育てた植物の種を採り、翌年に命をつないでいくのも、緑のカーテンの楽しみのひとつです。種や苗を新しく買わなくてもすむ、という利点もあります。ただし、種採りをするつもりならば、最初に種や苗を求めるときに注意しなければならないことがあります。

現在、ホームセンターなどで陳列されている種や苗は、ほとんどがF_1交配種で、固定種はまず見かけることがありません。

F_1交配種とは「一代雑種」「一代交配種」ともいわれ、病気に強くしたり成長を揃えたりするために、いくつかの種類を掛け合わせてつくられた雑種で、大規模農家の生産性などを考えてつくられたものです。F_1は、first filial generation（最初の子どもの世代）の意の略。高収量で耐病性が強く、大きさも均一で大量生産、大量輸送に向いた性質を有します。種子会社が毎年新しい種を購入してもらうことを前提に育種したものなので、F_1交配種から採った種を育てても品質がばらついたりして、多くの株にF_1とは異なる性質が現れるのです。

ゴーヤーの固定種の種と種採り用の果実

一方、固定種とは、世代を重ねて良いものが選抜、淘汰されることによって、遺伝的に品質が安定した品種です。在来種などと呼ばれているものもその地域で古くから栽培され、風土に適応してきた品種・系統ですべて固定種と考えてよいでしょう。

固定種の一部には他の地方で育ちにくいものもありますが、作物本来の個性的な風味を持っています。固定種・在来種は各地に20科69種類、556品種・系統があるといわれ、衰退、消滅の危機にさらされてきましたが近年、伝統野菜、地方野菜の復活の気運にともない、見直されるようになっています。種を採って翌年も育てるつもりならば、固定種の種を求めるようにします（ゴーヤーの固定種の種類はP42の表、入手問い合わせ先はP6参照）。

ゴーヤーの種採りと保存

①やわらかくなった果実を割り、種をしぼり出す。赤いぬるぬるの胎座部分を取り除き、水洗いをする
②天日乾燥、陰干しをする
品種
2009年採種
ゴーヤー
採種日
③紙袋などに入れて保存する

注）『野菜の種はこうして採ろう』（船越建明著、創森社）をもとに作成

●ゴーヤーの種採りと保存

ゴーヤーの種採りは、果実が赤褐色に色づいたり、裂果したりする時期に行います。果実を割って種子を取り出し、水洗いして種子表面のぬるぬるを落とし、天日乾燥したり陰干ししたりします。

よく乾燥した種子をクラフト紙の紙袋（もしくは布袋）に入れ、冷蔵庫や冷暗所で保存します。

土&肥料づくりと雨水利用

●土にこだわる

育てる植物の違い、プランターを置く環境の違いによって適切な土も変わってきます。仲間と情報交換をしながら、最適な土を求めたいところです。

第3章で、土の再利用法を紹介しておきましたが、さらにこだわってみるのならば、近所の農家や公園などでつくっている肥料を分けてもらって、土に混ぜ込んでみるのもよいでしょう。緑のカーテンをつくっている人の中には、「最初の年は成長が悪かったけど、翌年、公園からもらった堆肥をたっぷり使ってみたらビックリするほど育った」という人もいます。

簡単な肥料づくり

どうしてもにおいが発生するために、マンションのバルコニーなどでは難しいかもしれませんが、庭がある住居ならば、自分で肥料をつくることも可能です。ここでは簡単に肥料のつくり方のポイントを紹介しておきます。

自家製のボカシ肥料(有機肥料を発酵させて吸収しやすくした肥料)

①30×30×30cm程度の木枠（底がない箱状）を用意します。ポリバケツや市販のコンポスタでも可。ポリバケツを使う場合は底に排汁用の穴をあけておきます。

②下が土の場所に設置します。

③落ち葉や野菜クズなどを入れ、踏み固めます（ポリバケツなど底のある容器の場合は、底が抜けないように加減してください）。乾燥している場合

は水を加えながら行います（EM菌などの微生物資材を加えるとより効果的です）。

④微生物のエサとなる米ぬかを全体に均一に振りかけ、水を加えます。

「レインバンク壁取付型80」。(株)タニタハウジングウェア

信楽焼雨水貯留タンク「信楽くん 青風古信楽50-B」。(株)タニタハウジングウェア（東京都板橋区）

⑤③④を数回繰り返し、層を重ねていきますが、そのとき、しっかりと踏み固めることを忘れずに。

⑥風、雨水が入るのを防ぐため、カバーをかけます。

⑦1～2カ月たったら、シャベルなどを使って、上下、内外を入れ替えるように混ぜ合わせます。

⑧数カ月後、材料が黒っぽくボロボロになったら、肥料の完成。

うまく微生物が働いて発酵していると、発酵熱が発生して暖かくなります。

●雨水を利用する

緑のカーテンづくりをすることで環境への意識が高まってくると、「雨水を無駄にせず、毎日の水やりに利用できないものか」と思う人もいることでしょう。もちろん、「水道代がもったいないから」という発想でもかまいません。

貯留そういう人は、雨樋を利用して雨水をためる雨水タンクを利用してみることをおすすめします。マンションのバルコニーに置けるサイズのものも市販されています（問い合わせ先はP6参照）。

◆「緑のカーテンの輪」を大きく（トピックス）

●「町ぐるみで広げよう」プロジェクト

東京都板橋区では、地球温暖化を防ぐための取り組みとして「緑のカーテンづくり」を広げていく施策を二〇〇六年からすすめています。

このプロジェクトでは地域に緑のカーテンを広げていくために、参加者の情報を共有できる機会を設けています。私たち緑のカーテン応援団もそのきっかけづくりのお手伝いをいたしました。

また、板橋区では本庁舎に大きな緑のカーテンをシンボリックに設置したり、「緑のカーテン」講習会を企画したりして区の施設、学校をはじめとする地域全体に緑のカーテンを広めていくための活動を繰り広げています。

●環境教育の分野で注目される緑のカーテン

ここ数年、環境教育の分野で「緑のカーテン」の実践活動が取り上げられ、注目されています。

緑のカーテンは二〇〇四年に『環境白書』（環境省）の「地域で取り組まれている環境教育」の中で、つぎのように紹介されました。

「緑のカーテン……つる性植物を利用した緑のカーテンは、熱エネルギーの遮断効果、葉の気孔からの水分蒸散により、日差しを和らげてくれるだけでなく室温の上昇も抑えるほか、騒音の低減効果などもあるといわれています」

そして同年には、地球温暖化防止活動環境大臣表彰で緑のカーテンづくりに取り組んでいた板橋区立板橋第七小学校と練馬区立高松小学校がともに受賞しました。学校において緑のカーテンづくりが広まるきっかけとなりました。

その後、緑のカーテンづくりは、多くの学校で取り組まれ、子どもたちが植物に親しみながら、緑のもたらす涼しさを体感することができることから、環境教育を実践する場としても注目されているのです。

また、緑のカーテンは「環境教育指導要領［小学校編］」の中でも、総合的な学習の時間における実践事例として紹介されています。

緑のカーテンづくりを通して、子どもたちが自然の大切さ、自然の恩恵を実感として理解できることに加えて、植物の働きを上手に利用することによって快適な環境をつくり出すという点が評価されているのはと

学校の緑のカーテン

子どもたちが苗に水を与える

てもうれしいことです。

●地域から全国へ広がる緑のカーテン

緑のカーテンを発信し、全国各地へ広げていくことを目的に「全国緑のカーテンフォーラム」（２００８年３月）を那覇市で開催しました。全国の自治体、市民団体、ＮＰＯなどに呼びかけて徳島市や群馬県館林市、東京都練馬区などが事例を発表。市民や行政、事業者で協働して取り組む地域内連携や地域の枠を超えた連携のあり方などを探ることを打ち出しました。

そして、さらに大きな活動へと共に広げていくために共同宣言を行いました。

２００８年10月にバルセロナ（スペイン）で開催されたＩＵＣＮ（国際自然保護連合）第４回世界自然保護会議において、緑のカーテンに取り組む日立化成工業㈱の要請を受け、緑のカーテンの効果や魅力についてのプレゼンテーションを行いました。

緑のカーテンへの取り組みが地域から全国各地へ、さらに世界へと広がり、緑を楽しみながら地球温暖化防止の一助になるようにしていきたいものです。

◆NPO法人 緑のカーテン応援団 役員などのプロフィール一覧

・本書執筆者には、名前の前に＊印をつけています
・所属先、役職名は2009年３月現在。敬称略

＊鈴木 雄二（すずき ゆうじ）
・生年　1967年　・東京都出身　・㈱リブラン代表取締役
・NPO法人緑のカーテン応援団理事長　・古建築保存活動フォーラムの推進

谷田 泰（たにだ やすし）
・生年　1964年　・東京都出身　・㈱タニタハウジングウェア代表取締役社長
・NPO法人緑のカーテン応援団副理事長　・板橋区教育委員会教育委員

永友 正志（ながとも まさし）
・生年　1951年　・東京都出身　・㈱内田工務店代表取締役
・NPO法人緑のカーテン応援団監事　・東京商工会議所本部環境委員会委員

＊石川 直彦（いしかわ なおひこ）
・生年　1960年　・東京都出身　・東京都＝練馬区立富士見台小学校教諭
・NPO法人緑のカーテン応援団理事　・日本エネルギー環境教育学会理事

＊菊本 るり子（きくもと るりこ）
・生年　1958年　・東京都出身　・東京都＝板橋区立高島第五小学校教諭
・NPO法人緑のカーテン応援団理事　・ドラムサークルファシリテーター協会理事

谷内 誠治（やない せいじ）
・生年　1948年　・岡山県出身　・各社技術（電気、電子）顧問
・NPO法人緑のカーテン応援団理事　・NPO法人ホタルの会理事

＊三ツ口 拓也（みつぐち たくや）
・生年　1981年　・愛知県出身　・㈱リブランCS推進室勤務
・NPO法人緑のカーテン応援団理事

＊杉田 裕介（すぎた ゆうすけ）
・生年　1974年　・東京都出身　・杉田エース㈱常務取締役
・NPO法人緑のカーテン応援団理事

＊菅原 浩一（すがはら こういち）
・生年　1968年　・福島県出身　・㈱リブラン営業部マネジャー
・NPO法人緑のカーテン応援団事務局

◆緑のカーテンの取り組みに関する受賞

- 「地球温暖化防止活動環境大臣表彰」（環境省主催、2004年）
板橋区立板橋第七小学校、練馬区立高松小学校
- 「地球温暖化対策『一村一品・知恵の輪づくり』事業東京大会」（東京都地球温暖化防止活動センター主催、2008年）NPO法人緑のカーテン応援団、最優秀賞受賞
- 「ストップ温暖化『一村一品』大作戦」（環境省主催、2009年２月）
NPO法人緑のカーテン応援団、審査員特別賞受賞

◆NPO法人 緑のカーテン応援団の取り組み内容

緑のカーテンが持つ意義、価値を広めていく活動を行っている。緑のカーテンづくりを通して学校や家庭、地域で環境について考えたり学んだりするきっかけを提供したいと考え、結成。以下のような活動をすすめ、緑のカーテンを育てる方々を支援したり、情報を交換したりしながら、緑のカーテンづくりの活動を繰り広げている。

①自宅、学校、職場、地域などで緑のカーテンの実践、②緑のカーテンの実践者への支援（育成に関する助言、指導。苗や土、ネットなど種々の知識、情報の提供）、③緑のカーテンの普及啓発活動（講演。教育現場での指導）、④緑のカーテン活動の情報提供（全国の緑のカーテン活動の情報をnet上で提供）、⑤緑のカーテンフォーラム開催、など。

なお、応援団への入会金・年会費は正会員＝個人（入会金2000円、年会費3000円）、賛助会員（以下、いずれも一口）＝個人（入会金5000円、年会費5000円）、団体（入会金5000円、年会費5000円）となっている。

NPO法人 緑のカーテン応援団　事務局
〒174－0042　東京都板橋区東坂下2－8－1　㈱タニタハウジングウェア内

〈問い合わせ先〉㈱リブラン内
TEL 03－3972－0072　　FAX 03－3972－0606
E-MAIL info@midorinoka-ten.com
http://www.midorinoka-ten.com/

◆NPO法人 緑のカーテン応援団の主な歩み

2003年　●東京都・板橋区立板橋第七小学校で緑のカーテンづくりがスタート。このとき、地域企業として協力したメンバーが、のちの緑のカーテン応援団の中心となる
2005年　●「子供達の環境学習と緑のカーテン」フォーラム開催（NPO法人体験支援センター、板橋区教育委員会協力）
2006年　●任意団体としての緑のカーテン応援団発足
●「緑のカーテン　町ぐるみで広げようプロジェクト」を板橋区と共催ですすめる
2007年　●NPO法人緑のカーテン応援団発足
●エコプロダクツ展2007　出展
2008年　●那覇市（沖縄県）と共催で「第１回全国緑のカーテンフォーラム」開催（緑のカーテン全国協議会設立、共同宣言採択）
●応援団理事の菊本るり子（作詞・作曲）「MIDORI～繋がる輪」CDデビュー
●IUCN第４回世界自然保護会議にてNPO活動報告・スペイン（バルセロナ）
●エコプロダクツ展2008　協力
2009年　●板橋区と協働で「第２回全国緑のカーテンフォーラム」を開催

NPO法人 緑のカーテン応援団のキャラクター

ゴーヤーの花と葉(緑のカーテン)

●

取材・写真協力――宿谷昌則(武蔵工業大学教授)
蜂谷秀人　福田 俊　樫山信也
東京都・板橋区立高島第五小学校
石川直彦　菊本るり子
㈱リブラン　㈱内田工務店
ビバホーム板橋前野店　㈱ガーデン二賀地
㈱リッチェル　㈱タニタハウジングウェア
NPO日本コミュニティーガーデニング協会
野口のタネ・野口種苗研究所　ほか
(順不同、敬称略)

編著者プロフィール

●NPO法人 緑のカーテン応援団

2003年、東京都・板橋区立板橋第七小学校で緑のカーテンづくりがスタートし、このとき、地域企業として協力したメンバーがのちの緑のカーテン応援団の中心となる。2006年、任意団体としての緑のカーテン応援団発足。

2007年、NPO法人緑のカーテン応援団設立。緑のカーテンの実践者への支援、普及啓発活動、情報提供、フォーラム開催などを実施。加入者(個人、団体)の自主活動、もしくはボランティア活動によって、地球温暖化を防ぐ手がかりとなる緑のカーテンの価値と可能性を全国各地へ発信している。

〈NPO法人 緑のカーテン応援団＝問い合わせ先〉
TEL 03－3972－0072（株式会社 リブラン内）
FAX 03－3972－0606
E-MAIL info@midorinoka-ten.com
http://www.midorinoka-ten.com/

緑《みどり》のカーテンの育《そだ》て方《かた》・楽《たの》しみ方《かた》

2009年4月7日　第1刷発行
2011年6月7日　第3刷発行

編著者――NPO法人《ほうじん》 緑《みどり》のカーテン応援団《おうえんだん》

発行者――相場博也
発行所――株式会社 創森社
〒162－0805　東京都新宿区矢来町96－4
TEL 03－5228－2270　FAX 03－5228－2410
http://www.soshinsha-pub.com
振替00160-7-770406
組　　版――株式会社 明昌堂
印刷製本――中央精版印刷株式会社

2009 Printed in Japan ISBN978-4-88340-231-1 C0061

農的小日本主義の勧め
篠原 孝 著　四六判２８８頁１８３５円

ブルーベリー ～栽培から利用加工まで～
日本ブルーベリー協会 編　Ａ５判１９６頁２０００円

週末は田舎暮らし ～二住生活のすすめ～
松田 力 著　Ａ５判１７６頁１６００円

ミミズと土と有機農業
中村好男 著　Ａ５判１２８頁１６８０円

身土不二の探究
山下惣一 著　四六判２４０頁２１００円

炭やき教本 ～簡単窯から本格窯まで～
恩方一村逸品研究所 編　Ａ５判１７６頁２１００円

雑穀 ～つくり方・生かし方～
古澤典夫 監修　ライフシード・ネットワーク 編　Ａ５判２１２頁２１００円

愛しの羊ヶ丘から
三浦容子 著　四六判２１２頁１５００円

ブルーベリークッキング
日本ブルーベリー協会 編　Ａ５判１６４頁１６００円

安全を食べたい
遺伝子組み換え食品いらない！キャンペーン事務局 編　Ａ５判１７６頁１５００円

炭焼小屋から
美谷克己 著　四六判２２４頁１６８０円

有機農業の力
星 寛治 著　四六判２４０頁２１００円

広島発 ケナフ事典
ケナフの会 監修　木崎秀樹 編　Ａ５判１４８頁１５７５円

家庭果樹ブルーベリー ～育て方・楽しみ方～
日本ブルーベリー協会 編　Ａ５判１４８頁１５００円

エゴマ ～つくり方・生かし方～
日本エゴマの会 編　Ａ５判１３２頁１６８０円

農的循環社会への道
篠原 孝 著　四六判３２８頁２１００円

炭焼紀行
三宅 岳 著　Ａ５判２２４頁２９４０円

農村から
丹野清志 著　Ａ５判３３６頁３０００円

この瞬間を生きる ～インドネシア・日本・ユダヤと私と音楽と～
セリア・ダンケルマン 著　四六判２５６頁１８００円

台所と農業をつなぐ
大野和興 編　山形県長井市・レインボープラン推進協議会 著　Ａ５判２７２頁２０００円

雑穀が未来をつくる
国際雑穀食フォーラム 編　Ａ５判２８０頁２１００円

一汁二菜
境野米子 著　Ａ５判１２８頁１５００円

薪割り礼讃
深澤 光 著　Ａ５判２１６頁２５００円

熊と向き合う
栗栖浩司 著　Ａ５判１６０頁２０００円

立ち飲み酒
立ち飲み研究会 編　Ａ５判３５２頁１８９０円

土の文学への招待
南雲道雄 著　四六判２４０頁１８９０円

ワインとミルクで地域おこし ～岩手県葛巻町の挑戦～
鈴木重男 著　Ａ５判１７６頁２０００円

一粒のケナフから
ＮＡＧＡＮＯケナフの会 編　Ａ５判１５６頁１５００円

ケナフに夢のせて
甲山ケナフの会 協力　久保弘子・京谷淑子 編　Ａ５判１７２頁１５００円

リサイクル料理ＢＯＯＫ
福井幸男 著　Ａ５判１４８頁１５００円

すぐにできるオイル缶炭やき術
溝口秀士 著　Ａ５判１１２頁１３００円

病と闘う食事
境野米子 著　Ａ５判２２４頁１８００円

百樹の森で
柿崎ヤス子 著　四六判２２４頁１５００円

ブルーベリー百科Ｑ＆Ａ
日本ブルーベリー協会 編　Ａ５判２２８頁２０００円

産地直想
山下惣一 著　四六判２５６頁１６８０円

大衆食堂
野沢一馬 著　四六判２４８頁１５７５円

焚き火大全
吉長成恭・関根秀樹・中川重年 編　Ａ５判３５６頁２９４０円

納豆主義の生き方
斎藤茂太 著　四六判１６０頁１３６５円

つくって楽しむ炭アート
道祖土靖子 著　Ｂ５変型判８０頁１５７５円

豆腐屋さんの豆腐料理
山本久仁佳・山本成子 著　Ａ５判９６頁１３６５円

スプラウトレシピ ～発芽を食べる育てる～
片岡美佐子 著　Ａ５判９６頁１３６５円

玄米食 完全マニュアル
境野米子 著　Ａ５判９６頁１４００円

〝食・農・環境・社会〟の本

http://www.soshinsha-pub.com

創森社　〒162-0805 東京都新宿区矢来町96-4
TEL 03-5228-2270　FAX 03-5228-2410
＊定価（本体価格＋税）は変わる場合があります

日本園芸福祉普及協会 編
園芸福祉入門
A5判228頁1600円

鎌田 慧 著
全記録 炭鉱
四六判368頁1890円

山下惣一・鈴木宣弘・中田哲也 編著
食べ方で地球が変わる ～フードマイレージと食・農・環境～
A5判152頁1680円

小西正泰 著
虫と人と本と
四六判524頁3570円

佐藤敬一・鹿住貴之 著
割り箸が地域と地球を救う
A5判96頁1050円

柿崎ヤス子 著
森の愉しみ
四六判208頁1500円

日本園芸福祉普及協会 編
園芸福祉 地域の活動から
B5変型判184頁2730円

今関知良 著
ほどほどに食っていける田舎暮らし術
四六判224頁1470円

内村悦三 著
育てて楽しむ タケ・ササ 手入れのコツ
A5判112頁1365円

西下はつ代 著
ブルーベリーに魅せられて
A5判124頁1500円

船越建明 著
野菜の種はこうして採ろう
A5判196頁1575円

山下惣一 著
直売所だより
四六判288頁1680円

高野瀬 順子 著
ペットのための遺言書・身上書のつくり方
A5判80頁945円

近藤まなみ・兼坂さくら 著
グリーン・ケアの秘める力
A5判276頁2310円

鎌田 慧 著
心を沈めて耳を澄ます
四六判360頁1890円

野口 勲 著
いのちの種を未来に
A5判188頁1575円

柿崎ヤス子 著
森の詩～山村に生きる～
四六判192頁1500円

日本農業新聞取材班 著
田園立国
四六判326頁1890円

大内 力 著
農業の基本価値
四六判216頁1680円

鈴木宣弘 著
現代の食料・農業問題～誤解から打開へ～
A5判184頁1680円

梅谷献二 著
虫けら賛歌
四六判268頁1890円

杉浦孝蔵 著
山里の食べもの誌
四六判292頁2100円

緑のカーテン応援団 編著
緑のカーテンの育て方・楽しみ方
A5判84頁1050円

郷田和夫 著
育てて楽しむ 雑穀 栽培・加工・利用
A5判120頁1470円

曳地トシ・曳地義治 著
オーガニック・ガーデンのすすめ
A5判96頁1470円

音井 格 著
育てて楽しむ ユズ・柑橘 栽培・利用加工
A5判96頁1470円

加藤信夫 著
バイオ燃料と食・農・環境
A5判256頁2625円

稲垣栄洋 著
田んぼの営みと恵み
A5判140頁1470円

須藤 章 著
石窯づくり 早わかり
A5判108頁1470円

今井俊治 著
ブドウの根域制限栽培
B5判80頁2520円

小沢 亙・吉田宣夫 編
飼料用米の栽培・利用
A5判136頁1890円

岸 康彦 編
農に人あり志あり
A5判344頁2310円

内村悦三 監修
現代に生かす竹資源
A5判220頁2100円

河野直践 著
人間復権の食・農・協同
四六判304頁1890円

鎌田 慧 著
反冤罪
四六判280頁1680円

深澤 光 著
薪暮らしの愉しみ
A5判228頁2310円

宇根 豊 著
農と自然の復興
四六判304頁1680円

日本農業新聞取材班 著
農の世紀へ
四六判328頁1890円

稲垣栄洋 著　楢 喜八 絵
田んぼの生きもの誌
A5判236頁1680円

趙漢珪 監修　姫野祐子 編
はじめよう！自然農業
A5判268頁1890円

西尾敏彦 著
農の技術を拓く
四六判288頁1680円

成田一徹 著
東京シルエット
四六判264頁1680円

菅野芳秀 著
玉子と土といのちと
四六判220頁1575円

岩澤信夫 著
生きもの豊かな自然耕
四六判212頁1575円

中村浩二・嘉田良平 編
里山復権 能登からの発信
A5判228頁1890円

川口由一 監修　高橋浩昭 著
自然農の野菜づくり
A5判236頁2000円